Mein neues Smartphone

Organisieren,
Fotografieren,
Navigieren

Apps, Updates,
Kostenfallen

Alle Funktionen
einfach erklärt

Verein für Konsumenteninformation (Hrsg.)
Gernot Schönfeldinger

Mein neues Smartphone

Impressum

Herausgeber
Verein für Konsumenteninformation (VKI)
Mariahilfer Straße 81, A-1060 Wien
ZVR-Zahl 389759993
Tel. 01 588 77-0, Fax 01 588 77-73, E-Mail: konsument@vki.at
www.konsument.at

Geschäftsführer
Ing. Franz Floss
Dr. Josef Kubitschek

Autor
Mag. Gernot Schönfeldinger

Fachliche Beratung
Franz Wallner

Lektorat
Gerhard Früholz

Produktion
Günter Hoy
Edwin Würth

Fotos Textteil
VKI (wenn nicht anders angegeben)

Foto Umschlag
Umberto Shtanzman/Shutterstock.com

Druck
Holzhausen Druck GmbH, 1140 Wien

Stand
September 2013

Bestellungen
KONSUMENT, Kundenservice
Mariahilfer Straße 81, A-1060 Wien
Tel. 01 588 774, Fax 01 588 77-72
E-Mail: kundenservice@konsument.at

Wir sind bemüht, so weit wie möglich geschlechtsneutrale Formulierungen zu verwenden. Wo uns dies nicht gelingt, gelten die entsprechenden Begriffe im Sinne der Gleichbehandlung grundsätzlich für beide Geschlechter.

Bibliografische Information der Deutschen Nationalbibliothek
Die Deutsche Nationalbibliothek verzeichnet diese Publikation in der Deutschen Nationalbibliografie; detaillierte bibliografische Daten sind im Internet über http://dnb.d-nb.de abrufbar.

Verein für Konsumenteninformation
ISBN 978-3-99013-020-9

€ 14,90

Zu diesem Buch

Liebe Leser!

Smartphones sind im Alltag heutzutage nahezu allgegenwärtig. Es handelt sich ja im Grunde auch um sehr nützliche Geräte, die in kompakter Form unglaublich viele Funktionen in sich vereinen. Ein aktuelles Smartphone ist Telefon und Computer, Digitalkamera und Diktiergerät, Terminkalender und Adresskartei, Spielkonsole und Multimedia-Player, Navigationsgerät und anderes mehr.

Die Funktionsvielfalt lässt bei den Nutzern freilich eine gewisse Ratlosigkeit und auch Unbehagen zurück, denn es ist ein offenes Geheimnis, dass bei den Smartphones im Hintergrund so einiges abläuft, das in die Privatsphäre des Einzelnen eingreift. Zu welchem Betriebssystem Sie greifen, ist in diesem Zusammenhang übrigens nicht wirklich relevant – „neugierig" sind sie alle, egal ob iPhone, Android-Gerät oder Windows Phone, also jene drei derzeit wichtigsten Betriebssysteme, auf die hier im Detail eingegangen wird.

Dieses Buch geht mit praktischen Tipps, zahlreichen Screenshots und interessanten Hintergrundinformationen weit über eine Bedienungsanleitung hinaus. Es hilft Ihnen dabei, Ihr Smartphone besser zu verstehen und zu erkennen, welche Funktionen für den Alltag nützlich sind, welche eher als Spielerei einzustufen sind und welche davon aus Sicht des Datenschutzes bedenklich sind, weil Anwendungen mehr von Ihnen wissen, als nötig ist.

Gänzlich unterbinden lässt sich unerwünschter Datenverkehr zwar nicht, doch Sie können ihn durch gezielte Einstellungsänderungen und bewusstes Nutzungsverhalten zumindest so weit eindämmen, dass Sie Ihr Smartphone mit besserem Gefühl verwenden können.

Außerdem geht dieses Buch der Frage nach, wie Sie Ihre auf dem Smartphone gespeicherten Daten sowohl vor Missbrauch als auch vor möglichem Verlust schützen können. Und schließlich ist ein Kapitel dieses Buches den wichtigsten Apps gewidmet, also jenen Zusatzprogrammen, mit deren Hilfe Sie den Funktionsumfang Ihres Gerätes nochmals erweitern können. So wird Ihr Smartphone zu einem nützlichen Begleiter im Alltag.

Inhalt

Rido/Shutterstock.com

Marktübersicht und Auswahlhilfe

– Vom Basis-Handy bis zum Top-Smartphone
– Marken und Modelle im Überblick
– Die wichtigsten Betriebssysteme

Was Smartphones bieten

In diesem Buch dreht sich alles um die Smartphones. Trotzdem wollen wir das Thema beginnend bei jenen Geräten, die aufgrund ihrer Bauform und/oder Ausstattung nicht zu den Smartphones zählen, aufrollen.

Basis-Handys

Es gibt ja immer noch Menschen, die bei einer Neuanschaffung auf der Suche nach einem Handy sind, mit dem sie in erster Linie telefonieren können. Ein legitimer Wunsch, denn zu diesem Zweck wurden die Mobiltelefone ja ursprünglich erfunden. Zwar wird es immer schwieriger, solche einfach ausgestatteten Geräte zu finden, doch es gibt sie noch – sowohl in den (Online-)Shops der Mobilfunkprovider als auch im freien Verkauf. Auch dort sind die Preise für Geräte dieser Art moderat (oft weniger als 50 Euro). Zusätzlich haben Sie im Handel den Vorteil, ein für alle Netze offenes Handy erwerben zu können, das mit jeder beliebigen SIM-Karte verwendbar ist.

Basis-Handys: Günstig, handlich, aber in den Funktionen stark eingeschränkt

Solche Basis-Handys haben in Relation zu den Smartphones ein sehr kleines Display mit geringer Auflösung und eine Telefontastatur mit mehrfach belegten Tasten (eine Ziffer plus mehrere Buchstaben), die Sie – wenn auch nur sehr mühsam – für das Abfassen von SMS verwenden können. Letzteres ist, neben dem Telefonieren, die zweite Basisfunktion jedes Handys. Alle weiteren Zusatzfunktionen, die das eine oder andere Gerät vielleicht bietet, sind in diesem Preissegment uninteressant, weil sie keine brauchbare Qualität liefern. So haben z.B. integrierte Kameras eine viel zu geringe Auflösung, die Handhabung und die Tonqualität von Musik-Playern lässt stark zu wünschen übrig und sollte die Internetnutzung am Handy zwar prinzipiell möglich sein, dann scheitert eine sinnvolle Verwendung meist daran, dass die Datenübertragung im Schneckentempo erfolgt, weil die modernen Standards für mobiles Breitband-Internet (wie z.B. UMTS = 3G) vom Gerät nicht unterstützt werden. Hinzu kommt die fehlende Möglichkeit des Datenabgleichs mit dem Computer.

Multimedia-Handys

Neben diesen Basishandys gibt es eine weitere Gruppe von Geräten im recht günstigen Preissegment (ab rund 60 Euro im freien Verkauf), die rein äußerlich Ähnlichkeiten mit Smartphones aufweisen. Die Hersteller selbst benennen sie zwar nicht als solche, doch bei Online-Händlern findet man oft fälschlicherweise die Bezeichnung Smartphone. Die erwähnten Ähnlichkeiten bedeuten vor allem ein vergleichsweise großes Display und in den meisten Fällen das Fehlen einer physischen Tastatur. Diese wird, wie beim Großteil der Smartphones, auf dem Display eingeblendet. Ein Touchscreen allein macht aus einem Handy allerdings noch lange kein Smartphone. Meist handelt es sich hier um sogenannte Multimediahandys mit dem Schwerpunkt auf Musik und Fotos, zum Teil auch auf soziale Netzwerke, wie etwa Facebook oder Twitter. In der Regel gibt es weiters eine Kalenderfunktion, diverse Spiele, die Möglichkeit des Datenaustausches mit dem PC und die Geräte sind internettauglich.

Ein Touchscreen macht aus einem Handy noch lange kein Smartphone

Dies alles ist jedoch mit Vorsicht zu genießen, denn auch hier muss man je nach Modell Qualitätseinbußen und Handhabungsschwächen hinnehmen. Dazu zählen eine langsame und/oder umständliche Bedienung, Displays mit geringer Auflösung, resistive Touchscreens, die nur auf (Finger-)Druck reagieren und dadurch mühsamer zu bedienen sind als die kapazitive Ausführung, langsame und/oder umständliche Internetnutzung und ein proprietäres, also herstellereigenes Betriebssystem mit beschränkten Möglichkeiten. Auch WiFi-Tauglichkeit zur Einbindung in ein WLAN-Funknetzwerk ist keine Selbstverständlichkeit und meist können auch keine Internet-Videos wiedergegeben werden (z.B. von YouTube).

Zur Klarstellung: Diese Geräte sind nicht grundsätzlich schlecht und es gibt Modelle, die leistungsmäßig nahe an die Gruppe der Smartphones herankommen. Aber es handelt sich eben um Handys mit diversen Zusatzfunktionen und nicht um echte Smartphones.

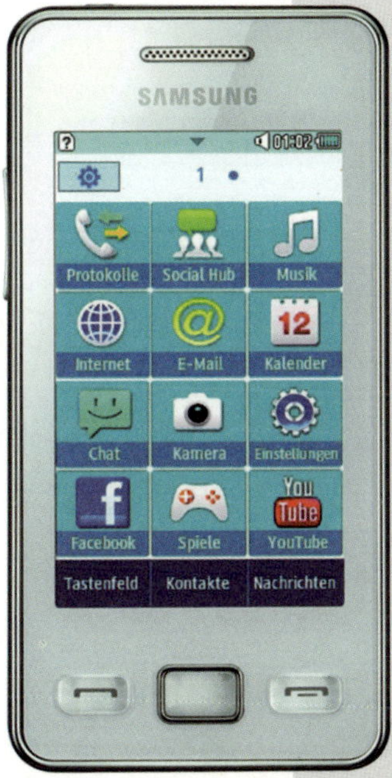

samsung.com

Einsteiger-Smartphones

Preisgünstige Einsteiger-Smartphones sind oft in mehrerer Hinsicht ein Kompromiss

Mit steigenden Preisen verschwimmen zusehends die Grenzen zu den Multimedia-Handys und Sie finden Geräte, die von den Herstellern selbst als Smartphones angepriesen werden – meist mit dem weit verbreiteten Betriebssystem Android. Sie sind im freien Verkauf bereits ab rund 150 Euro erhältlich (bzw. bei den Mobilfunkprovidern bei Vertragsabschluss oder -verlängerung ab 0 Euro), haben eine relativ gute Ausstattung, können aber hinsichtlich ihrer Leistung nicht mit den teureren Modellen mithalten. Ihre Schwächen sind ähnlich jenen der oben genannten Multimedia-Handys, sie laufen auch oft unter einer älteren Version des Betriebssystems, erfüllen aber ihren Zweck als Einsteiger-Smartphones.

Wobei bei diesem Stichwort sofort die Frage im Raum steht, wie sinnvoll der Kauf eines Einsteiger-Smartphones ist? Denn entweder möchten Sie die Möglichkeiten dieser Geräte im großen Umfang nutzen, oder Sie benötigen sie ohnehin nicht. Dann kommen Sie mit einem herkömmlichen (Multimedia-)Handy vielleicht besser zurecht. Andernfalls werden Sie mit einem Einsteiger-Smartphone nur bedingt Freude haben, weil es im direkten Vergleich mit den höherpreisigen Modellen teils deutlich hinterherhinkt. So ist es z.B. oft nicht möglich, mehr als eine Anwendung geöffnet zu haben, weil entweder die Version des Betriebssystems dies nicht zulässt oder das Gerät einen sehr geringen Arbeitsspeicher hat (weniger als 256 MB). Letzteres kann im Übrigen auch die Funktion des Internetbrowsers beeinträchtigen, sodass dieser beim Öffnen von Webseiten, die nicht für Smartphones optimiert sind, abstürzt.

samsung.com

Das bedeutet nicht, dass Sie nur mit einem Spitzengerät glücklich werden können. Aber wenn Sie bereit sind, im freien Verkauf zumindest 200 bis 300 Euro auszugeben bzw. beim Provider im Zuge der Vertragsverlängerung einen moderaten Aufpreis zu bezahlen, dann bekommen Sie dafür ein sinnvoll nutzbares Smartphone aus dem Mittelfeld, dessen Bedienung nicht von Beginn an einen Kompromiss darstellt, sondern vielleicht sogar Spaß macht.

Smartphone-Charakteristika

Was macht nun aus einem Mobiltelefon ein Smartphone? Die Übersetzungsmöglichkeiten „klug" und „pfiffig", die das Wörterbuch für den englischen Ausdruck „smart" anbietet, sind nur bedingt hilfreich. Klug im eigentlichen Sinne ist ein solches Gerät ja nicht, aber es verfügt über künstliche Intelligenz auf relativ hohem Niveau – so wie jeder vom Menschen geschaffene Computer. Denn ein Smartphone ist ja im Grunde nichts anderes als eine Kombination aus Mobiltelefon und Computer. Wobei die Telefoneinheit nur einen von vielen Teilen eines komplexen Systems darstellt. Dieses umfasst bei einem Smartphone der Mittel- bis Oberklasse weiters:

Smartphones sind so „klug" wie jeder vom Menschen geschaffene Computer

- ein großes, hoch auflösendes Display mit kapazitivem Touchscreen (reagiert auf Berührung mit bloßen Fingern, sowie Stiften und Handschuhen in spezieller, stromleitender Ausführung)
- eine vollständige Schreibmaschinentastatur (QWERTZ), die beim überwiegenden Teil der Modelle nicht physisch, sondern nur virtuell auf dem Display vorhanden ist (bei den restlichen Modellen befindet sie sich entweder auf der Gerätevorderseite, was die Displaygröße beeinträchtigt oder sie ist ausklappbar unter dem Display verborgen)
- eine schnelle Internet-Anbindung (zumindest UMTS = 3G, eventuell auch HSDPA oder HSPA+ bzw. seit Februar 2013 LTE = 4G)
- die Möglichkeit, das Gerät kabellos in ein WLAN-Netz einzubinden (oft auch unter der Bezeichnung WiFi zu finden)
- die Möglichkeit, das Smartphone selbst zu einem WLAN-Hotspot zu machen, das einem oder mehreren Computern den Zugang zum Internet ermöglicht
- ein GPS-Modul zur Standortbestimmung via Satellit (z.B. für die Navigation oder die geographische Zuordnung = das Geotagging von Fotos)
- eine Digitalkamera mit zumindest 4 bis 5 Megapixel (MP) Auflösung, Blitzlicht, Autofokus sowie Videofunktion
- eine zusätzliche Videokamera an der Vorderseite für Videotelefonate

- einen Musik-Player, der außerdem Videos von internen und externen Quellen wiedergeben kann
- eine Verwaltungsmöglichkeit für Kontakte (Telefonnummern, E-Mail-Adressen, Postanschrift)
- eine Terminverwaltungsmöglichkeit (Kalender)
- einen E-Mail-Client
- diverse Sensoren, die z.B. auf Bewegung, Lage, Magnetfeld, Helligkeit oder Annäherung reagieren und dadurch automatisch das Bild drehen, das Display dimmen oder abschalten, die Himmelsrichtung feststellen etc.
- einen leistungsstarken Prozessor (Rechenchip), der die Arbeit auf dem Gerät flüssig vonstatten gehen lässt (zumindest Dualcore, in den höheren Preisklassen zunehmend Quadcore)
- ein gängiges Betriebssystem (z.B. Google Android, Apple iOS, Windows Phone oder BlackBerry OS), das im Optimalfall auch mit Updates versorgt wird
- ein umfangreiches Angebot an nachträglich installierbaren Apps, die den Funktionsumfang des Gerätes erweitern (Navigation, Foto- und Videobearbeitung, Spiele, Büroanwendungen, Onlineshopping, Wörterbücher etc.)
- die Möglichkeit zur Synchronisation bzw. Sicherung der Daten auf einem Computer und/oder in der Cloud (= eine virtuelle Festplatte im Internet)

Wer ein Smartphone braucht

Wer keine Scheu vor Computern hat, wird auch mit Smartphones zurechtkommen

Geht es nach der Werbung oder nach dem allgemeinen Trend, dann kommt heute niemand mehr an einem Smartphone vorbei. Natürlich ist die Entscheidung letztlich sehr individuell, aber Sie sollten vor einer Neuanschaffung zumindest Folgendes bedenken:

Smartphones sind Computer im Taschenformat. Wie versiert sind Sie im Umgang mit Computern bzw. sind Sie bereit, sich eingehend mit der Bedienung eines komplexen Gerätes auseinanderzusetzen?

Ein entscheidender Punkt ist weiters die Internetanbindung. Smartphones werden für das Internet gebaut und sind nur in Kombination mit einem Datentarif sinnvoll nutzbar. Keine unbedingte Voraussetzung, aber bei Nutzung eines Smartphones überaus sinnvoll und empfehlenswert, ist darüber hinaus ein WLAN-Zugang, also kabelloses Internet zu Hause (zur Info: Jeder Internetanschluss kann durch Kauf eines WLAN-Routers in ein kabellose Netzwerk verwandelt werden). Möchten Sie also das Internet und eventuell auch die E-Mailfunktion regelmäßig verwenden? Fotografieren, Videos aufnehmen und Musik hören können Sie schließlich auch mit einem preisgünstigeren Multimediahandy.

Wenn Sie sich doch für ein Smartphone entscheiden, dann sollten Sie weiters überlegen, welche der aufgezählten Zusatzfunktionen Sie gerne nutzen möchten. Ja teurer das Gerät, desto vielfältiger ist meist die Ausstattung, desto verwirrender kann diese Multifunktionalität aber auch sein, wenn Sie sie gar nicht benötigen.

Ein guter Kompromiss für Einsteiger sind mittelpreisige Smartphones, weil sie ein ausgewogenes Preis-/Leistungsverhältnis bieten. Bei den Geräten mit Android-Betriebssystem ist die Auswahl derzeit am größten. Hier können Sie mit einem Einstiegspreis von knapp über 200 Euro rechnen. Die relativ neu auf dem Markt befindlichen Windows Phones 8 bewegten sich zu Redaktionsschluss um die 300 Euro und die von Haus aus höherpreisigen iPhones begannen bei 399 Euro. Im Laufe des Buches gehen wir noch näher auf diese drei wichtigsten Betriebssysteme und ihre Kennzeichen ein.

Mittelpreisige Smartphones sind eine gute Wahl für Einsteiger

Touchscreen oder Tasten?

Touchscreens sind zwar „in", aber die Bedienung mit den Fingern oder einem Eingabestift (Stylus, Touchpen) liegt nicht jedem. Viele Benutzer bevorzugen weiterhin eine physische Tastatur. Wichtig dabei ist, dass die Tasten groß genug sind. Bei den Touchscreens müssen Sie die resistiven, auf Druck reagierenden, von den kapazitiven unterscheiden. Diese reagieren schneller, können aber nur mit bloßen Fingern, einem leitfähigen Eingabestift bzw. leitfähigen Handschuhen bedient werden.

Kostenko Maxim/Shutterstock.com

Wettstreit der Betriebssysteme

Die aktuellen Smartphones unterscheiden sich weniger durch ihre Funktionen als durch ihre Betriebssysteme

Auch wenn sich die Geräte äußerlich manchmal zum Verwechseln ähnlich sind, ist Smartphone nicht gleich Smartphone, denn es gibt eine Reihe unterschiedlicher, untereinander nicht kompatibler Betriebssysteme. Dieser Begriff ist aus dem Computerbereich bekannt, wo z.B. Windows XP, Windows 8, Mac OS X oder Linux jeweils die Basissoftware darstellen, ohne die auf dem Computer keine der gängigen Programme laufen würden. Smartphones als komplexe Computersysteme benötigen gleichfalls ein solches Betriebssystem.

Mit Android, Apple iOS und – eben erst gestartet – Windows Phone 8 haben wir auch schon die wichtigsten Konkurrenten genannt. Das war nicht immer so. Vielleicht sind Ihnen in der Vergangenheit Namen wie Palm OS, Windows Mobile, Symbian oder BlackBerry OS begegnet? Die damit ausgestatteten Geräte waren jedes auf seine Weise Wegbereiter der heutigen Smartphones und waren vorübergehend auch recht erfolgreich, wie z.B. die Handhelds, Pocket-PCs oder PDAs (= Personal Digital Assistant/Persönlicher Digitaler Assistent) als tragbare Taschencomputer zur Termin- und Adressverwaltung, anfangs ohne Internetanbindung und Telefonfunktion. Sehr bekannt war etwa die Marke Palm.

Die BlackBerrys des kanadischen Herstellers RIM stellten bis vor Kurzem eine eigene Kategorie dar. Mit ihren zahlreichen Funktionen, dem eigenen E-Mail-Dienst und dem speziellen BlackBerry-Tarif gewannen sie weltweit Millionen von Geschäftskunden. Abgesehen davon, dass BlackBerrys für Privatkunden ohnehin nicht wirklich interessant waren, hatte der Hersteller zu spät auf den Smartphone-Trend reagiert und hatte in der Folge mit Einbußen zu kämpfen. Man darf deshalb gespannt sein, ob es dem Hersteller mit dem neuen Betriebssystem BlackBerry 10 OS, das auf Smartphones mit Touchscreen und Bedienung durch Wischgesten optimiert ist, gelingt, verlorene Marktanteile wieder wettzumachen. Zu Redaktionsschluss war mit dem BlackBerry Z10 das erste Modell der gehobenen

Smartphone-Klasse auf dem Markt, das noch dazu erstmals ohne Spezialtarif oder Registrierungsvorgang verwendbar war.

Symbian wiederum, das von einem Konsortium damals führender Mobiltelefonhersteller entwickelt wurde, war einst Marktführer bei den frühen Smartphones. Es wird zwar auch heute noch fallweise eingesetzt, hat aber beginnend mit dem Aufstieg von Apple iOS und Android massiv an Bedeutung und dadurch an Attraktivität verloren. Wer ein vollwertiges Smartphone sucht, greift heutzutage nicht mehr zu einem Symbian-Gerät. Ähnliches gilt aber z.B. auch für das zu Samsung gehörende bada und weitere so genannte proprietäre Betriebssysteme, die einem bestimmten Hersteller zuordenbar sind, aber keine Marktbedeutung haben.

Windows Mobile war der von Microsoft stammende Vorgänger des Betriebssystems Windows Phone 8 (das allerdings eine komplette Neuentwicklung darstellt). Windows Mobile lief auf PDAs ebenso wie auf Mobiltelefonen, blieb aber nur mäßig erfolgreich. Ein ähnliches Schicksal erfuhren das auf Windows Mobile aufbauende Smartphone-Betriebssystem Windows Phone 7 bzw. die verbesserte Version 7.5. Dem Vernehmen nach soll Windows Phone 7 im Niedrigpreissegment bestehen bleiben. Ein mittlerweile verfügbares Update auf die Version 7.8 bringt diverse Verbesserungen mit sich. Wirklich große Erwartungen setzt Microsoft allerdings in Windows Phone 8. Erstmals sind hier nämlich das Smartphone-Betriebssystem und das PC-Betriebssystem Windows 8 eng zusammengewachsen und Microsofts Online-Angebot mit dem Online-Speicher SkyDrive sowie dem Webmaildienst Hotmail bzw. Outlook.com wurde – nach dem Vorbild der Konkurrenz – nahtlos integriert.

Weitere Details zu den drei derzeit wichtigsten Betriebssystemen finden Sie ab ► Seite 24. Vorerst beschäftigen wir uns noch kurz mit den Smartphone-Marken, die auf dem Markt aktuell eine Rolle spielen.

Wettstreit der Marken und Modelle

Wer einen BlackBerry kauft, der weiß, dass er sich damit an das gleichnamige Betriebssystem bindet. Beides bildet eine unzertrennliche Einheit. Gleiches gilt für das iPhone mit dem Betriebssystem Apple iOS. Die einzige, beschränkte Wahlmöglichkeit besteht darin, dass es eine Handvoll mehr oder weniger unterschiedlicher BlackBerry- bzw. iPhone-Modelle gibt. Wobei das iPhone einen Sonderfall darstellt: Hier handelt es sich bei den preisgünstigeren Geräten um die Vorgängermodelle, die ab dem Erscheinen des jeweils aktuellsten iPhones unverändert weitergebaut werden und somit ebenfalls sehr gut ausgestattet sind. Lediglich der interne Speicher ist mit 8 bzw. 16 GB limitiert, während man das aktuelle Modell auch mit 32 oder 64 GB kaufen kann. Unterm Strich kann man hier noch am ehesten die Bezeichnung Einsteiger-Smartphone verwenden. Die Unterschiede hinsichtlich der Ausstattung – aber auch hinsichtlich des Kaufpreises – sind bei den iPhone-Modellen weniger gravierend als bei den Smartphones der Konkurrenten. Immer wieder ist zu hören, dass es allerdings in absehbarer Zeit auch ein abgespecktes iPhone zu einem deutlich günstigeren Preis geben soll.

Android und Windows Phone sind nicht auf eine bestimmte Gerätemarke beschränkt

samsung.at

Die Betriebssysteme Android (hinter dem ein Firmenkonsortium unter Führung von Google steckt) und Windows Phone sind nicht auf eine bestimmte Gerätemarke beschränkt. Der daraus resultierende Vorteil ist die große Auswahl, die derzeit vor allem bei den Android-Geräten vorliegt. Wobei der südkoreanische Samsung-Konzern den Markt dominiert und sich fast schon eine gewisse Monopolstellung gesichert hat. Mit Geräten in allen Preisklassen (allen voran die „Galaxy"-Modellreihe) hat er auch die fast eineinhalb Jahrzehnte dauernde Vorherrschaft von Nokia beendet. Der finnische Hersteller hat sich zu lange auf seinen Lorbeeren ausgeruht und den Übergang vom herkömmlichen Mobiltelefon zum Smartphone verpasst. Mit dem „Lumia 800" bzw. „Lumia 900" unter dem Betriebssystem Windows Phone 7.5 ist es zwar noch nicht gelungen, aber mit der Fortsetzung der „Lumia"-Reihe samt dem Betriebssystem Windows Phone 8 hofft Nokia nun, verlorenes Terrain endgültig wiedergutmachen zu können. Zu Redaktionsschluss dieses Buches hatte allerdings auch Samsung bereits sein erstes Windows-Smartphone („ATIV") präsentiert.

nokia.com

Zuvor hatte parallel mit Nokia der taiwanesische Hersteller HTC die ersten Smartphones mit dem Betriebssystem Windows Phone 8 herausgebracht. HTC mischt schon seit mehreren Jahren mit einigem Erfolg auf dem Markt mit und hat eine Reihe von Android-Modellen (und einzelne Windows Phone 7-Geräte) im Angebot. Bisher blieb aber auch dieses Unternehmen im Schatten von Samsung und musste zuletzt Umsatzeinbußen hinnehmen. Weitere Mitbewerber sind z.B. LG („Optimus"), Motorola („RAZR") und Sony („Xperia"), die das eine oder andere interessante Android-Smartphone anbieten. Und schließlich könnte auch das chinesische Unternehmen Huawei, bei uns bisher nur für seine mobilen Breitbandmodems und das eine oder andere Billighandy bekannt, in naher Zukunft eine größere Rolle im gehobenen Smartphone-Segment einnehmen.

apple.com

Die Vielfalt der Android-Geräte hat nicht nur Vorteile, sondern führt zur Unübersichtlichkeit

Die Vielfalt der Android-Geräte trägt allerdings auch zur Unübersichtlichkeit bei. Je nach Modell und Preisklasse werden die Smartphones mit unterschiedlichen Versionen des Betriebssystems ausgeliefert. Updates und vor allem Upgrades auf die jeweils aktuellste Version sind nicht für jedes Modell sofort verfügbar bzw. teilweise nicht möglich, selbst wenn dieses Modell weiterhin auf dem Markt erhältlich ist. Es gibt außerdem den Fall, dass ein Update zwar bereits verfügbar ist, aber vom Netzbetreiber für Geräte mit SIM-Lock (▶ Seite 22) noch nicht freigegeben wurde.

Die Updates sind ein Punkt, der im Gegensatz zu Android beim iPhone selbstverständlich ist. Nicht auf allen, aber doch auf sehr vielen bisherigen iPhone-Modellen läuft problemlos das jeweils aktuelle Apple iOS. Es ist anzunehmen, dass auch Microsoft – analog zu seinen Computer-Betriebssystemen – darauf bedacht sein wird, die neuen Windows Phones regelmäßig mit Updates zu versorgen. Bei den Updates bzw. Upgrades der Betriebssysteme geht es stets darum, Sicherheitslücken zu schließen, einzelne Fuktionen zu verbessern bzw. den Funktionsumfang der Geräte zu erweitern. Das regelmäßige Durchführen der Updates/Upgrades ist aber auch deshalb sinnvoll, weil viele Apps laufend adaptiert werden und manchmal innerhalb relativ kurzer Zeit nicht mehr unter einer älteren Version des Betriebssystems funktionieren.

Im Optimalfall nehmen Sie die zur Wahl stehenden Geräte vor dem Kauf in die Hand

Neben der Wahl des Betriebssystems stellt sich natürlich noch die Frage, welches Smartphone-Modell man letztlich wählen soll. Den Preis und die Ausstattung haben wir als Kriterien bereits erwähnt. Ideal ist es, wenn Sie die Zeit und die Gelegenheit finden, ein paar Modelle ihrer engeren Wahl in die Hand zu nehmen und wichtige Details wie die Bedienung (inklusive Tastatur), die Menüführung, die Displayqualität oder die Größe und Lesbarkeit der dargestellten Ziffern und Buchstaben mit eigenen Fingern und Augen zu überprüfen. Hier geht es einerseits um die Handhabung, andererseits um die einfache Verständlichkeit und Übersichtlichkeit. Aber auch die Tonqualität der eingebauten Lautsprecher sollten Sie berücksichtigen.

Die Empfangsempfindlichkeit der Geräte bzw. die Signalstärke des jeweiligen Netzes an Ihrem Wohnort sind weitere Themen – die Empfangsempfindlichkeit speziell dann, wenn Sie in einem Gebiet wohnen, in dem die Netzversorgung von Haus aus eher schlecht ist. In gut versorgten Gebieten ist dieser Punkt weniger relevant, dort wird jedes Smartphone funktionieren. Bei etlichen Geräten tritt übrigens das Phänomen auf, dass man die Empfindlichkeit beeinträchtigt, wenn man sie auf eine bestimmte Art hält. Auch das ist in gut versorgten Gebieten nicht das Thema und lässt sich obendrein vermeiden. Was man hingegen ohne einschlägige Erfahrungen im Vorhinein nie wissen kann, das sind baulich bedingte Beeinträchtigungen, etwa durch Stahlbetondecken.

Allerdings ist es keine Selbstverständlichkeit, dass Sie ein Smartphone zum Testen mit nach Hause nehmen dürfen. Fragen (oder gut verhan-

Vertragsrücktritt vereinbaren

Schlechter Empfang kann einerseits im Gerät selbst begründet sein, die größere Rolle spielt aber das Mobilfunknetz, auch wenn der Provider – siehe bauliche Beeinträchtigungen – nicht immer etwas dafür kann. Sofern Sie mit einem Provider noch keine persönlichen Erfahrungen an ihrem Wohnort haben, lassen Sie sich bei Vertragsabschluss schriftlich bestätigen, dass Sie im Falle einer schlechten Netzversorgung vom Vertrag zurücktreten können.

Dario Lo Presti/Shutterstock.com

deln) kostet zumindest nichts. Und was Sie nicht selbst ausprobieren können, sollten Sie bei kompetenter Stelle in Erfahrung bringen bzw. – speziell die Signalstärke am Wohnort – bei Ihren unmittelbaren Nachbarn erfragen oder, noch besser, deren Handys/Smartphones ausleihen. Nützlich sind z.B. die objektiven Testberichte auf www.konsument.at oder die – entsprechend subjektiven – Bewertungen anderer Käufer in den Onlineshops und einschlägigen Internetforen. Dazu kann man sagen: Je mehr Kommentare es zu einem Gerät gibt, desto besser, denn dann ist eine Tendenz ablesbar. Auf den Internetseiten der Hersteller bzw. der Mobilfunkprovider wiederum gibt es detaillierte – aber in der Regel auch recht blumige – Beschreibungen der integrierten Funktionen und die Möglichkeit, die Ausstattung mehrerer Modelle zu vergleichen. Wenn Sie den Namen eines bestimmten Smartphones in eine Internet-Suchmaschine (z.B. Google oder bing) eingeben, erhalten Sie auf jeden Fall eine Vielzahl von Treffern.

Auch Erfahrungen Dritter können hilfreich sein

Unlock, Branding, Jailbreak

Kaufen Sie im Shop eines Providers ein oder erhalten im Zuge einer Vertragsverlängerung ein neues Gerät, dann kann es sein, dass die Auswahl recht beschränkt und das ins Auge gefasste Smartphone nicht verfügbar ist. Auch sind die Preise dort oft höher. Die Alternative sind Online-Händler, Handyshops, Privatanbieter oder Internet-Auktionen. Davon abgesehen, dass Sie beim Online-Kauf grundsätzlich Vorsicht walten lassen sollten, müssen Sie besonders genau lesen, was Ihnen dort tatsächlich angeboten wird. In Extremfällen werden überhaupt nur leere Originalverpackungen oder Dummys, also funktionsuntüchtige Attrappen, verkauft. Es finden sich aber – nicht zuletzt beim begehrten Kultobjekt iPhone – auch Begriffe wie Unlock(ed), Branding oder Jailbreak, die Sie nicht überlesen sollten.

SIM-Lock (auch: Netlock) bezeichnet das weithin übliche werksseitige Sperren eines Handys oder Smartphones, sodass ausschließlich die SIM-Karten eines ganz bestimmten Providers verwendbar sind. Der Hintergrund ist der, dass die vergünstigten Geräte, die man im Zuge eines Vertragsabschlusses oder einer Vertragsverlängerung angeboten bekommt, von den Providern preislich gestützt werden. Ein Unlock (= das Entsperren) bedeutet das Entfernen dieser Sperre durch einen Eingriff ins Betriebssystem. Die Anbieter führen dies nach Ablauf einer vertraglich vereinbarten Frist gegen Entgelt durch. Allerdings existieren im Internet massenhaft Do-it-yourself-Anleitungen dazu bzw. wird der Unlock von vielen unabhängigen Handyshops angeboten. Es handelt sich zwar nicht grundsätzlich um etwas Illegales, sondern um einen gesetzlich nicht geregelten Graubereich, jedoch verlieren Sie dabei die Garantiezusagen seitens des Herstellers oder des Anbieters. Dies ist auch dann der Fall, wenn Sie ein (gebrauchtes) Gerät kaufen, das nicht „werksoffen" ist, sondern dessen SIM-Lock nachträglich vom Verkäufer entfernt wurde. Bei solcherart entsperrten Geräten sollten Sie außerdem keine Updates des Betriebssystems durchführen (die beim iPhone vergleichsweise häufig sind), weil ansonsten der SIM-Lock wieder aktiviert wird. Es existiert aber nicht für jede Version des Betriebssystems ein Unlock.

Das nicht autorisierte Entfernen des SIM-Locks ist ein Graubereich, bei dem man auch wissen sollte, welche Nachteile damit verbunden sind

Auch der sogenannte Jailbreak (wörtlich: Gefängnisausbruch) ist beim iPhone ein großes Thema. Hier geht es darum, dass Apple relativ strenge bzw. nicht immer nachvollziehbare Maßstäbe ansetzt, welche von dritter Seite entwickelten Smartphone-Anwendungen (Apps) für den App-Store zugelassen werden. Verärgerte Entwickler haben sich zusammengetan und einen alternativen App-Store namens Cydia eröffnet. Voraussetzung für die Nutzung der dort angebotenen Apps sind der Jailbreak, der das iPhone quasi von seinen Fesseln in Form von Nutzungsbeschränkungen befreit, sowie die Installation der Cydia-Software. Das Gerät erkennt dann nicht mehr, dass es sich um Fremd-Apps handelt, die von Apple eigentlich nicht zugelassen sind, und erlaubt, dass man diese installiert. Auch hierbei handelt es sich um einen im Graubereich stattfindenden Eingriff ins Gerät, der noch dazu die Virengefahr deutlich erhöht.

„Gejailbreakte" Smartphones müssen nicht zwingend „unlocked" sein, meist ist ein Jailbreak aber die Vorbedingung für die Durchführung eines Unlocks. Unterschieden wird zwischen „tethered" und „untethered" Jailbreaks. Beim tethered Jailbreak benötigt das Smartphone jedes Mal eine Verbindung zu einem Computer, um hochfahren zu können, beim untethered Jailbreak kann es von alleine hochfahren (booten). Formen des Jailbreaks gibt es z.B. auch beim Android-Betriebssystem. Hier ist üblicherweise vom „Rooten" die Rede, wodurch man sich umfassende Zugriffsrechte verschafft (vergleichbar den Administratorrechten am Computer, die dort aber vorgesehen sind). Auch hier handelt es sich um einen anbieterseitig nicht gewollten Graubereich mit negativen Auswirkungen auf die Garantie. Aus einem normalen User (= Benutzer) wird durch den Root ein „Super-User", der dann freilich wissen sollte, was er tut und weiterhin den Überblick haben sollte, was auf seinem Gerät geschieht. Bestimmte Apps, denen man gleichfalls Rootrechte erteilen muss, erweitern die Funktionsvielfalt des Smartphones oft deutlich. Sie greifen dabei aber auch tief ins System ein. Auf ein „gerootetes" Smartphone darf man im Falle eines Updates keine offizielle Version des Betriebssystems mehr aufspielen (sondern nur speziell dafür vorbereitete), weil der Root sonst rückgängig gemacht wird.

Durch das Rooten erhalten Apps erweiterte Zugriffsrechte auf das System

Tipps für den (Online-)Kauf im In- und Ausland

Auf www.europakonsument.at finden Sie kostenlos kompetente und umfassende Informationen zum Thema Online-Shopping bzw. Internet-Auktionen. Neben den grundsätzlich anzuratenden Vorsichtsmaßnahmen sollten Sie beim Kauf außerhalb des EU-Raums doppelt umsichtig sein und sich z.B. nicht von besonders günstigen Angeboten blenden lassen. Produktpiraterie ist nämlich weit verbreitet, wird aber auch scharf verfolgt. Handys/Smartphones, die aus Drittstaaten eingeführt werden, unterlagen zu Redaktionsschluss dieses Buches übrigens nur der Einfuhrumsatzsteuer und mussten nicht zusätzlich verzollt werden. Genauere Informationen dazu gibt die Zentrale Auskunftsstelle Zoll, Zollamt Klagenfurt Villach, Ackerweg 19, 9500 Villach, Tel. 01/514 3356 4053, E-Mail: zollinfo@bmf.gv.at.

Digital Genetics/Shutterstock.com

Ein „gebrandetes" Smartphone kann bei Nutzung in einem fremden Netz Nachteile bringen

Damit kommen wir zum dritten Begriff, dem Branding. Ein „gebrandetes" Smartphone trägt nicht nur das Logo eines bestimmten Mobilfunkproviders, es ist auch für die Nutzung von dessen Netz und Services optimiert. So sind z.B. verschiedene Apps vorinstalliert, die man nicht entfernen kann, die aber auf den konkreten Provider festgelegt sind. Ein Smartphone mit Branding ist meist preislich günstiger, Sie handeln sich aber – sofern Sie es mit der SIM-Karte eines anderen Betreibers verwenden möchten – die eine oder andere Tücke bei der Bedienung ein.

Sie sehen, vor dem Kauf eines gebrauchten Smartphones heißt es, genau lesen bzw. nachfragen, denn möglicherweise bekommt man sonst nicht das Gerät, das man sich vorgestellt hat. Und wer selbst Manipulationen an seinem Smartphone vornehmen möchte, der sollte wissen, was er tut und sich dessen bewusst sein, dass die Sache auch schiefgehen kann und das Gerät eventuell unbrauchbar wird. Wenig erfahrenen Benutzern ist von Experimenten dieser Art dringend abraten.

Die wichtigsten Betriebssysteme im Detail

So wie bei den Computer-Betriebssystemen hat man als durchschnittlich versierter Smartphone-Nutzer derzeit wenig Alternativen. Entweder man verzichtet gänzlich auf die Nutzung eines solchen Gerätes, oder man liefert sich eben einem der drei großen Anbieter aus. Ohne die Preisgabe persönlicher Daten wird es freilich auch bei jenen Projekten aus der alternativen Entwicklerszene nicht gehen, die es kaum erwarten können, auf den Markt zu drängen, wie z.B. Geräte mit den Betriebssystemen Firefox OS oder Ubuntu. Denn ohne Internet-Anbindung, verbunden mit einem persönlichen Benutzerkonto, macht ein Smartphone wenig Sinn. Auf die Möglichkeiten, sich ein Mindestmaß an Anonymität zu erhalten, gehen wir ab ► Seite 50 ein. Zunächst befassen wir uns mit den allgemeinen Charakteristika der drei momentan wichtigsten Smartphone-Betriebssysteme Apple iOS, Android und Windows Phone 8, wie sie für die tägliche Handhabung relevant sind. Dazu gehört auch die entsprechende Verwaltungs- und Synchronisationssoftware für den Computer, die von den Anbietern kostenlos zur Verfügung gestellt wird. Ins Detail gehen wir dann im zweiten Kapitel ab ► Seite 32.

Apple iOS

Wir starten mit Apple iOS (OS = Operating System = Betriebssystem), weil das ursprünglich auf Computer („Mac") spezialisierte kalifornische Unternehmen die Smartphones zwar nicht erfunden, ihnen aber in ihrer heutigen Form zum Durchbruch verholfen hat. Der Erfolg des ersten iPhones, der nicht zuletzt auf ein bis dahin unübliches Bedienkonzept zurückzuführen war, hat die Konkurrenz völlig überrascht und mehr als nur eine Schrecksekunde lang gelähmt. Zeit genug für Apple, um sich eine gute Marktposition zu sichern.

Apple hat die Smartphones nicht erfunden, ihnen aber zum Durchbruch verholfen

Den Anschluss hat in der Folge nur das Betriebssystem Android geschafft, das – rein oberflächlich betrachtet – Apple iOS sehr ähnlich ist. Die jeweils dahintersteckenden Technologien sind unterschiedlich – oder auch nicht – weshalb sie bereits häufig im Mittelpunkt von gerichtlichen Patentstreitigkeiten standen. Auf jeden Fall hat Apple es verstanden, Vorhandenes und selbst Entwickeltes zu einem gut funktionierenden, in weiten Teilen selbst erklärenden System zusammenzufassen, das mit den iPhones eine untrennbare Einheit bildet.

Aber auch sonst handelt es sich um ein in sich geschlossenes System, was von Apple-Gegnern oft als Kritikpunkt vorgebracht wird. So können Sie z.B. nur im offiziellen Apple-„Store" (Online-Shop) Musik bzw. Apps (= Anwendungen, Programme) einkaufen. Andererseits ist beides in unüberschaubarer Auswahl vorhanden, sodass für den Durchschnittsnutzer ohnehin kaum Wünsche offen bleiben. Auch diese Einkäufe können Sie direkt vom iPhone aus erledigen. Des Weiteren können Sie, im Gegensatz zu früheren Versionen des Betriebssystems, Ihr neues iPhone ohne Verbindung zum Computer aktivieren (WLAN empfohlen, funktioniert aber auch mit dem mobilen Netz), Hörbücher erwerben, Filme kaufen oder ausleihen und anderes mehr.

Noch mehr Möglichkeiten und vor allem eine bessere Übersicht und Handhabung bietet freilich die kostenlose Software iTunes (www.apple.com/at/itunes/download). Darüber hinaus verfügt derzeit nur iTunes von Haus aus über die – aus Nutzersicht durchaus sinnvolle – Möglichkeit eines lokal auf dem Computer gespeicherten Backups (als Alternative zum Online-Speicher iCloud, ► Seite 82), mit dessen Hilfe man bei Problemen oder bei einem Geräteneukauf alle Einstellungen, Apps etc. schnell, mühelos und vollständig wiederherstellen kann. Selbst nach einem Gerätewechsel ist innerhalb einer Viertelstunde alles wie gewohnt, so als hätten Sie nie ein anderes Gerät besessen. Alternativ dazu lässt sich das iPhone via iTunes jederzeit in den Auslieferungszustand zurückversetzen.

iOS ist zwar ein in sich geschlossenes System, aber im positiven Sinne lückenhaft

Außerdem ist die scheinbare Abgeschlossenheit des Systems im positiven Sinne lückenhaft. So ist es z.B. sehr wohl möglich, die Kontakte und Kalenderdaten über die Grenzen der Betriebssysteme hinaus via Google zu synchronisieren (und dabei auch den Computer einzubinden), anstatt den Apple-eigenen Dienst „iCloud" zu verwenden (mehr dazu ► Seite 66). Auch können Sie Musikdateien von dritter Seite bzw. Musik-CDs in iTunes importieren bzw. können Sie Musik aus iTunes herausholen, um sie außerhalb der Apple-Welt zu nutzen. iTunes mag zwar nicht in jedem Detail restlos überzeugen, aber es funktioniert in der Regel reibungslos, was man von der Smartphone-Verwaltungssoftware der Konkurrenz nicht immer behaupten kann.

Android

Android (hergeleitet vom griechischen androïdes = menschähnlich) ist ein offenes Betriebssystem, das von einem Konsortium unter Führung des Internet-Giganten Google entwickelt wurde. Offen bedeutet, dass theoretisch jeder das Betriebssystem verändern und weiterentwickeln kann – auch die Smartphone-Hersteller. Einzelne Versuche gibt es zwar, der Großteil der Geräte wird aber trotzdem mit einer offiziellen Android-

Version versehen. Der schon weiter oben genannte Nachteil ist, dass aktuell erhältliche Modelle nicht einheitlich mit derselben Version ausgestattet werden und dass es – von den Top-Modellen abgesehen – nicht selbstverständlich ist, dass für jedes Gerät Updates des Betriebssystems zur Verfügung stehen. Manchmal kommen diese verspätet und manchmal gar nicht, weil nicht Google, sondern die Gerätehersteller dafür zuständig sind. Andererseits: Wenn man den direkten Vergleich nicht hat, dann geht einem wahrscheinlich auch nichts ab.

In Android sind alle Google-Dienste nahtlos integriert

Zu den Vorteilen von Android zählen der insgesamt günstigere Gerätepreis, die Möglichkeit, auch außerhalb des offiziellen Stores (Google Play) Apps erwerben zu können und die von Haus aus vorhandene nahtlose Integration der vielfältigen Google-Dienste, von Gmail über die bekannte Suchmaschine und Google Maps bis hin zur Synchronisation der Kontakte und Termine. Auch dies funktioniert gleich nach dem erstmaligen Aktivieren des Smartphones reibungslos. Und wer vom iPhone auf ein Android-Smartphone umsteigen möchte, kann dies dank Google ebenfalls relativ einfach durchführen (in die andere Richtung klappt es freilich auch).

Im direkten Vergleich ist die Menüführung von Android anfangs etwas unübersichtlicher als beim iPhone, aber das ist eine Frage der Gewöhnung. Angesichts der Android-Modellvielfalt existieren allerdings spürbare Geschwindigkeitsunterschiede, die nicht vom (grundsätzlich gut funktionierenden) Betriebssystem, sondern von der Geräteausstattung herrühren. Deshalb auch der eingangs erwähnte Tipp, zu einem Smartphone der Mittelklasse zu greifen und die Billigklasse links liegen zu lassen.

Alle Android-Versionen zusammengerechnet hat dieses Betriebssystem Apple iOS die Führungsrolle abgenommen. Die Verbreitung und die offene Struktur von Android bringen allerdings den Nachteil mit sich, dass dieses Betriebssystem beliebter und anfälliger für Virenattacken ist, wie sie früher nur aus dem PC-Bereich bekannt waren. Die Installation einer Virenschutz-App (► Seite 64) ist mittlerweile empfehlenswert. Problematisch ist weiters, dass es kein Zulassungsverfahren für Android-Apps gibt und diese zum Teil unnötig viele Informationen über den Smartphone-Benutzer sammeln und weiterleiten. Möchte man eine App unbedingt nutzen, bleibt einem aber in der Regel keine andere Wahl, als allen Bedingungen zuzustimmen.

Lokale Backups sind bei Android nicht vorgesehen

Wer den an sich ja komfortablen Cloud-Lösungen nicht so recht traut und das Smartphone lieber lokal mit dem Computer abgleicht, ist bei Android an der falschen Adresse: Die Cloud steht absolut im Vordergrund. Es gibt nicht einmal eine offizielle und universelle Verwaltungs- und Sicherungssoftware für den Computer, sondern nur herstellereigene Programme oder solche von dritter Seite (kostenlos und kostenpflichtig). Ausgerechnet die meistverbreitete Anwendung von Samsung namens Kies (www.samsung.com/at/support/usefulsoftware/KIES/JSP) stößt bei den Benutzern auf sehr unterschiedliche Akzeptanz. Während die einen zufrieden sind, beklagen andere, dass sie oft langsam sei und es zu Verbindungsproblemen komme. Damit und mit den verfügbaren Alternativen beschäftigen wir uns ab ► Seite 83.

Windows Phone 8

Zum vergleichweise neuen Windows Phone 8 fehlen zwar noch ausgiebige Erfahrungswerte, doch war gleich nach seinem Start erkennbar, dass Microsoft diesmal ein großer Wurf gelungen ist, der das Potenzial hat, zu iOS und Android aufzuschließen. Das Betriebssystem ist schnell, flüssig bedienbar, in seinen Grundzügen relativ selbsterklärend und bietet mit seinen „Kacheln", den so genannten Live Tiles, ein innovatives Konzept.

Dieses verbindet die herkömmlichen, mehr oder weniger starren App-Symbole mit regelmäßig (etwa alle 30 Minuten) aktualisierten Informationen, wie man sie am PC unter Windows Vista und 7 als „Widgets" kennt. Das heißt, die Kacheln dienen sowohl als Schaltflächen für den Start von Anwendungen als auch auch Projektionsflächen, in die von der Uhrzeit und dem Datum über aktuelle Meldungen bis hin zu den eigenen Fotos alle möglichen, auch komplexen Informationen eingeblendet werden.

Die Live Tiles lassen sich sehr flexibel umreihen, in der Größe anpassen und Sie können weitere davon hinzufügen, falls Sie bestimmte Informationen direkt auf dem Startbildschirm haben möchten. Hier ist Windows Phone der Konkurrenz derzeit eindeutig voraus und ebenso durch die Tatsache, dass verschiedene praktische Anwendungen, für die man bei Android und iOS eigene Apps installieren muss, von Haus aus integriert sind. Dazu zählen nicht zuletzt die Office-Anwendungen Word und Excel.

Windows Phone 8 ist von Haus aus umfangreich mit integrierten Apps ausgestattet

Für die PC-Betriebssysteme Windows 7 und 8 steht zur einfacheren Verwaltung und Synchronisierung die Windows Phone App for Desktop zum Download bereit (www.windowsphone.com/de-de/how-to/wp8/windows-phone-app-for-desktop). Ansonsten setzt aber auch Microsoft bei der Synchronisierung und Datensicherung in erster Linie auf seinen Cloud-Dienst SkyDrive.

Auch Windows Phone 8 ist ein in sich geschlossenes System und diesbezüglich mit iOS vergleichbar. Trotzdem ist es gegenüber der Außenwelt nicht gänzlich abgeschottet. Wie beim iPhone ist Google die Schnittstelle, um Termine und Kontakte über die Grenzen der Betriebssysteme hinaus abzugleichen oder zu überspielen. Alle Anbieter lassen diese Türe bewusst offen, um potenzielle Kunden nicht von einem Umstieg abzuschrecken, andererseits ist es dadurch natürlich auch leichter, einen Wechsel in die andere Richtung durchzuführen (mehr dazu ► Seite 66).

Das Smartphone im Alltag

Rido/Shutterstock.com

- Das Gerät einrichten
- Daten schützen und sichern
- Sinnvolles und praktisches Zubehör

Der Start: Das Smartphone einrichten

Wenn Sie Ihr neues Smartphone erstmals in Händen halten, dann müssen Sie vor dem Einschalten zunächst einmal die SIM-Karte und – sofern er nicht fest eingebaut ist – den Akku einlegen. Der dafür vorgesehene Platz befindet sich entweder unter einer mehr oder weniger leicht entfernbaren Abdeckung oder ist – wie beim iPhone – als separater SIM-Einschub gestaltet. Je nach Modell benötigen Sie eine Mini-, Micro- oder Nano-SIM-Karte – das ist jeweils das gleiche Produkt mit unterschiedlichen Abmessungen, das Sie von Ihrem Provider bekommen. Danach verbinden Sie Ihr Smartphone via mitgeliefertem Kabel mit dem Ladegerät oder dem eingeschalteten Computer, um den Akku vollständig aufzuladen. Nicht schrecken! Viele Modelle haben die Eigenheit, dass sie bei Verbindung mit einer Stromquelle gleich hochfahren und auf Eingaben Ihrerseits warten, um das Gerät für den weiteren Gebrauch einzurichten. Trotzdem müssen Sie nicht in Hektik zu geraten. Es kann nichts passieren, wenn Sie zunächst einmal nur den Akku laden und erst dann die Ersteinrichtung vornehmen.

Die SIM-Karte ist der Zugangsschlüssel zum Netz des Providers

Wenn Sie – je nach Modell – die Hometaste (unten in der Mitte) oder eine andere dafür vordefinierte Taste am Gerät drücken, dann wird der Ladestand eingeblendet. Oder eine Leuchtdiode wechselt beim Erreichen von 100 Prozent Akkuladung die Farbe. Wir können hier allerdings nicht auf die Eigenheiten jedes einzelnen Smartphone-Modells eingehen. Diese sind ohnehin den Bedienungsanleitungen zu entnehmen oder erschließen sich Ihnen relativ rasch durch Ausprobieren. Auch jedes Update des Betriebssystems kann übrigens nicht vorhersehbare Änderungen mit sich bringen. Im Folgenden geht es daher um grundsätzliche Dinge, mit denen Sie beim Einrichten eines Smartphones konfrontiert werden, und die möglicherweise Fragen aufwerfen.

Mini-SIM, Micro-SIM und Nano-SIM

dencg/Shutterstock.com

iPhone/iOS

SIM-Sperre

Die erste Meldung nach dem Hochfahren Ihres neuen iPhones lautet üblicherweise „SIM gesperrt". Das ist ein gutes Zeichen, denn es bedeutet, dass das Gerät die eingelegte SIM-Karte erkannt hat und nur noch auf die Eingabe des vom Provider schriftlich mitgelieferten PIN-Codes wartet (Personal Identification Number). Das ist die geheime, vierstellige Zahlenkombination, mit der die SIM-Karte vor missbräuchlicher Verwendung durch Dritte geschützt ist. Gehen Sie auf >>Entsperren<<, tippen Sie den PIN ein und bestätigen Sie mit >>OK<<.

Sprache und Region

Das Festlegen der gewünschten Sprache sowie der geographischen Region sind wichtige Basiseinstellungen. Wenn Sie eine andere Sprache als Deutsch verwenden möchten, dann ist das natürlich möglich und unabhängig vom aktuellen Wohnort.

WLAN

Das Gerät sucht nach verfügbaren WLAN-Netzen (auch: WiFi). Falls Sie in Ihrer Wohnung bereits über drahtloses Internet verfügen, dann scheint es in der Liste auf, gemeinsam mit allfälligen anderen Netzen aus der Nachbarschaft. Tippen Sie Ihr eigenes an und geben Sie den Netzwerkschlüssel (= Kennwort) ein. Falls das Netz ungesichert ist, dann sollten Sie dies aus Sicherheitsgründen dringend ändern, damit niemand es unerlaubt mitbenutzen kann. Alternativ dazu – oder wenn Sie kein WLAN besitzen – tippen Sie auf >>Mobiles Netzwerk verwenden<< oder auf >>Mit iTunes verbinden<<. Im letzteren Fall benötigen Sie eine Kabelverbindung zum Computer (das mitgelieferte Ladekabel ans iPhone stecken und den

USB-Stecker an den Computer) sowie die von Ihnen schon im Vorfeld installierte kostenlose Software „iTunes" (www.apple.com/at/itunes/download).

Der WLAN-Empfänger ist ein Stromfresser und sollte nur bei Bedarf aktiviert werden

Unter den >>Einstellungen<< des iPhones können Sie den WLAN-Empfänger jederzeit aktivieren bzw. wieder deaktivieren. Letzteres sollten Sie immer tun, wenn Sie es für längere Zeit nicht benötigen. Im eingeschalteten Zustand verbraucht der WLAN-Empfänger sonst unnötigerweise Strom und verkürzt die beim iPhone ohnehin nicht überragende Akkulaufzeit. Das Gerät speichert übrigens das von Ihnen eingegebene WLAN-Passwort und verbindet sich bei der nächten Aktivierung des WLAN-Empfängers automatisch mit dem Internet.

Neu konfigurieren oder wiederherstellen

Halten Sie Ihr allererstes iPhone in der Hand, dann lautet die folgende Option >>Als neues iPhone konfigurieren<<, lediglich wenn es sich um einen Gerätewechsel handelt und Sie Ihre alten, gesicherten Apps und Einstellungen wiederhaben möchten, wählen Sie >>Aus Backup wiederherstellen<< (wahlweise via iTunes oder iCloud; siehe auch „iCloud-Backup" auf ► Seite 39).

Ortungsdienste aktivieren

Im Zuge der Aktivierung werden Sie auch gefragt, ob Sie die Ortungsdienste aktivieren möchten. Tun Sie dies, denn grundsätzlich macht diese Funktion in bestimmten Fällen schon Sinn (z.B. bei der Navigation oder beim Geotagging, also der Verortung von Fotos). In den übrigen können Sie sie später unter >>Einstellungen/Datenschutz/Ortungsdienste<< gezielt deaktivieren (► Seite 51).

Apple-ID

Weiters werden Sie dazu eingeladen, sich mit Ihrer Apple-ID anzumelden oder eine solche zu erstellen. ID steht für Identität. Dahinter steckt Ihr Benutzerkonto oder genau genommen eigentlich Ihr Kundenkonto bei Apple. Wenn Sie möchten, können Sie als Benutzername eine bestehende

E-Mailadresse verwenden. Empfehlenswert ist das Anlegen der Apple-ID auf jeden Fall, weil Sie nur damit alle Möglichkeiten Ihres iPhones ausschöpfen können – viele kostenlose ebenso wie kostenpflichtige (z.B. Einkäufe im iTunes Store und im App Store). Möchten Sie vorerst keine Apple-ID erstellen, dann können Sie dies jederzeit nachholen.

Nutzungsbedingungen akzeptieren

Wer sein iPhone nutzen möchte, muss das Kleingedruckte akzeptieren

Die Nutzungsbedingungen sind das unvermeidliche Kleingedruckte, das zu jeder geschäftlichen Beziehung gehört. Apple stellt Ihnen unter bestimmten Bedingungen ein umfangreiches Angebot zur Verfügung. Grundsätzlich sollten Sie natürlich vorher lesen, welchen Klauseln Sie hier zustimmen. Tatsache ist aber: Sie möchten Ihr neues iPhone nutzen, weshalb Sie – so wie Hunderttausende andere Konsumenten – auch den Bedingungen zustimmen werden. Dies gilt freilich nicht nur für Apple. Wichtig ist, dass Sie im Zuge der Einrichtung die geeigneten Einstellungen vornehmen, denn nur hier haben Sie ein gewisses Maß an Einflussnahme.

Eigene Nutzungsbedingungen gibt es derzeit für das Betriebssystem iOS selbst, für den Online-Speicherplatz iCloud und für das Game Center, das Sie als zentralen Ausgangspunkt für das Spielen am iPhone verwenden können. Hinzu kommen noch Apples Datenschutzbestimmungen, die Sie gleichfalls akzeptieren müssen.

iCloud verwenden

iCloud (Infos auf: www.iCloud.com) müssen Sie nicht zwingend aktivieren und können dies auch jederzeit nachholen. Die recht umfangreichen Basisfunktionen dieses Dienstes sind kostenlos nutzbar. Die Frage, ob Sie auf >>iCloud verwenden<< oder auf >>Nicht verwenden<< tippen, hängt nicht zuletzt von Ihren persönlichen Bedürfnissen ab. iCloud kann einerseits als ausgelagerte Backup-Lösung alternativ zur lokalen Speicherung am Computer verwendet werden (siehe unten), andererseits ist es eine Möglichkeit, diverse Daten (Termine, Kontakte etc.) auf Ihrem iPhone mit anderen Geräten, wie iPad, iPod touch, Mac- oder Windows-Computer, abzugleichen bzw. Dokumente – unabhängig von Gerät und Standort – online zur Verfügung zu stellen.

Es müssen allerdings sehr konkrete Voraussetzungen erfüllt sein: Auf den mobilen Apple-Geräten muss mindestens die Version 5 des Betriebssystems iOS installiert sein, wobei der volle Funktionsumfang erst unter iOS 6 gegeben ist. Ähnliches gilt für die Apple-Computer: Das Betriebssystem Lion ab Version OS X 10.7.5 wurde zu Redaktionsschluss dieses Buches zwar unterstützt, aber gegenüber Mountain Lion (OS X 10.8.2 oder neuer) nur eingeschränkt. Für Windows-PCs waren die Betriebssysteme Vista, 7 oder 8 notwendig sowie die Installation der „iCloud-Systemsteuerung für Windows".

Eine weitere Voraussetzung unter Windows ist die Verwendung von Outlook 2007, 2010 oder 2013/365, um Kontakte, Kalender, Notizen und Erinnerungen/Aufgaben zu synchronisieren. Alternativ dazu können Sie mit jedem Internetbrowser auf iCloud zugreifen (www.icloud.com). Dies ist für Windows-Nutzer auch die einzige Möglichkeit, via PC E-Mails über ihren iCloud-Account zu versenden und zu empfangen, die mit iPhone oder iPad synchron gehalten werden. Haben Sie einen Mac, dann wird der iCloud-Mail-Account, den Sie im Zuge der Anmeldung zu iCloud erhalten, gleich automatisch in Apple Mail integriert und mit allen zu iCloud hinzugefügten Geräten abgeglichen. Mehr zum Thema Kontakte, Kalender und E-Mails im iPhone finden Sie ab ► Seite 68.

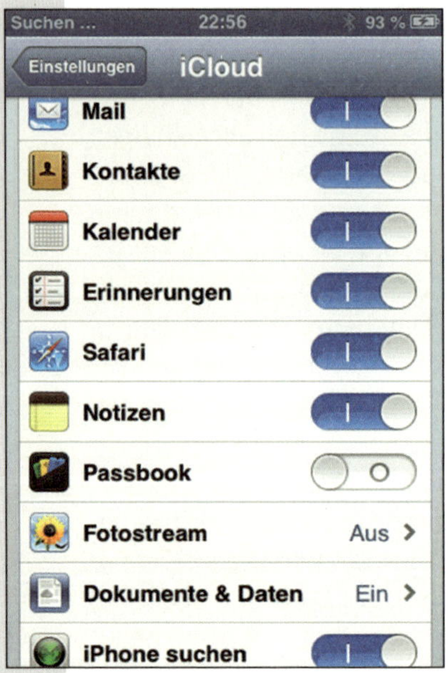

iCloud hält weiters Ihre via iTunes gekauften Musikdateien auf mehreren Geräten synchron. Gegen Bezahlung (rund 25 Euro im Jahr) lässt sich dieser Service auf die gesamte in iTunes gespeicherte Musik ausweiten. So haben Sie auf jedem Gerät Ihre komplette Musiksammlung zur Verfügung – entweder via Stream bereitgestellt in iCloud, sodass Sie Speicherplatz sparen, oder auf Wunsch auch lokal gespeichert, sodass Sie Datenvolumen sparen.

iCloud: Jedem iPhone-Nutzer steht kostenloser Online-Speicherplatz zur Verfügung

Schließlich ist auch der Fotostream eine Option unter iCloud. Jedes mit dem iPhone geschossene Foto wird automatisch hochgeladen und ist 30 Tage lang in iCloud abrufbereit (maximale Bilderanzahl: 1.000 Stück). Zugleich können Sie die anderen mit Ihrem iCloud-Account verbundenen Geräte so einstellen, dass sie die Fotos automatisch herunterladen und lokal sichern. Ausgewählte Fotostreams können Sie freigeben und Ihren Freunden zugänglich machen. Mehr zum Thema Fotografieren mit dem iPhone finden Sie auf ► Seite 119.

Insgesamt stehen in iCloud für jede Apple-ID 5 GB Speicherplatz kostenlos zur Verfügung. Musik, Apps, Bücher und die eigenen Fotos werden dabei nicht mitgezählt. Zusätzlicher Speicherplatz kann gegen ein Jahresentgelt abonniert werden. Die jeweils aktuellen Informationen zu iCloud gibt es online auf www.icloud.com. Dort klicken Sie in der Leiste am unteren Bildrand auf >>Hilfe<<. Die Downloadmöglichkeit für die iCloud-Systemsteuerung für Windows finden Sie auf www.apple.at und Klick auf >>Support<<. Geben Sie ins Suchfeld den Programmnamen ein, bestätigen Sie mit der Eingabetaste und schränken Sie dann oberhalb der Trefferliste den Dokumenttyp auf >>Downloads<< ein. Als Benutzer eines Apple-Computers benötigen Sie keine zusätzliche Softwareinstallation.

iCloud ist nur mit geeigneter Software nutzbar

iCloud funktioniert in aller Regel gut, bietet aber keine Funktionen, die bei der Konkurrenz von Android/Google bzw. Microsoft nicht ebenfalls in der einen oder anderen Form verfügbar wären. Ein Nachteil von Apple allgemein ist, dass Dokumente, Tabellen und Präsentationen zwar via iCloud gespeichert und synchronisiert werden können, aber nur bei Verwendung der Apple-eigenen Software („Pages", „Numbers" und „Keynote"), die zwar einfach und funktionell ist, aber selbst in der Gunst vieler Apple-Nutzer immer hinter Microsoft Office zurückblieb. Derzeit kann man Dokumente nur etwas umständlich manuell nach iCloud verschieben. Microsoft hat zwar mittlerweile eine Office-App für iPhone und iPad herausgebracht, aber konsequenterweise nutzt diese die Microsoft-Lösung SkyDrive für die Synchronisation der Dateien. Der SkyDrive ist ja bereits nahtlos in Office 2013/365 integriert. Die Office-App ist übrigens nur verwendbar, wenn man Office 365 für PC oder Mac abonniert hat.

Siri verwenden

Siri ist Apples intelligenter Sprachassistent, dem Sie nicht nur Texte (auch SMS oder E-Mails) diktieren können, sondern den Sie z.B. auch dazu auffordern können, Tankstellen oder Restaurants im näheren Umkreis anzuzeigen, den Wetterbericht oder die Ergebnisse eines aktuellen Fußballspiels. Was für manche eine nette Spielerei ist, ist für andere schon Teil Ihrer täglichen Smarthphone-Nutzung. Die Entscheidung für oder gegen Siri ist individuell. Noch ist der Sprachassistent nicht perfekt, aber er befindet sich bereits auf hohem Niveau und Apple arbeitet weiter daran. Tatsache ist aber auch, dass Siri nur dann vollständig funktioniert, wenn er eine ganze Reihe von Daten an Apple sendet. Dazu gehören – zwecks Verbesserung der Spracherkennung – die von Ihnen gesprochenen Wörter bzw. Wortfolgen ebenso wie Ihre Kontakt- und Ortsdaten.

iCloud-Backup

Wenn Sie sich für die Verwendung von iCloud entscheiden, dann werden Sie danach gefragt, ob Sie auch das Backup (= die Sicherung) Ihres iPhones via iCloud durchführen, oder dieses lokal auf Ihrem Computer speichern möchten. In beiden Fällen umfasst das Backup praktisch alles, was auf Ihrem iPhone gespeichert ist sowie sämtliche dazugehörigen Einstellungen. Ein aus einem solchen Backup wiederhergestelltes Gerät wird zu einer identischen Kopie des gesicherten iPhones, sodass Sie sich darauf gleich wieder heimisch fühlen.

Beim iPhone haben Sie die Wahl zwischen dem Backup in der „Wolke" und der lokalen Sicherung

iCloud sichert das iPhone automatisch täglich, sofern es an eine Stromquelle angeschlossen ist und ein WLAN-Netzwerk verfügbar ist. Für die lokale Sicherung müssen Sie Ihren Computer aufdrehen, iTunes starten und das iPhone per Kabel oder kabellos (aber an einer Stromquelle befindlich) über das WLAN-Netz damit verbinden. Letzteres kann nach der Ersteinrichtung ebenfalls automatisiert erfolgen.

Die Entscheidung zwischen iCloud und lokalem Backup ist eine rein persönliche, je nachdem, was Ihnen sympathischer ist. Viele Nutzer haben Hemmungen, Ihre Daten einer unsichtbaren „Wolke" irgendwo im Internet anzuvertrauen, auch wenn – oder gerade weil – sie wissen, dass es sich um ein von Apple betriebenes riesiges Rechenzentrum (Server-Park) in Kalifornien handelt. Der Vorteil von iCloud ist die Unabhängigkeit vom Computer, der Vorteil des lokalen Backups, dass man seine persönlichen Daten sozusagen griffbereit bei sich zu Hause hat, oder zumindest die beruhigende Gewissheit hat, wo sie sich befinden. Mehr zum Thema iPhone-Backup finden Sie auf ► Seite 82.

Mein iPhone suchen

Ein verlorenes, gestohlenes oder auch nur verlegtes iPhone kann mit diesem Service geortet und gesperrt werden bzw. – wenn die Chancen schlecht stehen, es wiederzubekommen – können Sie aus der Ferne alle persönlichen Informationen darauf löschen. Im günstigsten Fall haben Sie das Gerät nur verlegt. Dann können Sie von jedem Computer aus über www.icloud.com einen Ton abspielen lassen. Befindet sich das iPhone doch nicht in Hörweite, ist der nächste Schritt die Ortung auf einer Karte.

Als Besitzer eines Apple-Computers können Sie umgekehrt auch Ihren Mac orten bzw. löschen.

Messaging

iMessage ist ein Apple-eigener Kurznachrichtendienst, der auf jedem iPhone vorinstalliert ist und im Zuge der Geräteeinrichtung aktiviert wird. Es handelt sich um einen Ersatz für SMS und MMS, bei dessen Nutzung keine Zusatzkosten anfallen, sondern nur Datenvolumen verbraucht wird. Allerdings können nur iMessage-Nutzer untereinander Nachrichten austauschen. Gleiches gilt für FaceTime. Das ist eine Anwendung für Videotelefonate, die auf den verschiedensten Apple-Geräten verwendbar ist.

Diagnose und Nutzung

Alle Smartphones sammeln Nutzungsdaten

Ein bei Weitem nicht auf Apple beschränktes Bestreben ist das Sammeln anonymer Nutzungsdaten, die helfen sollen, die angebotenen Produkte und Dienste zu verbessern. Mittlerweile werden Sie immerhin danach gefragt, ob Sie dies zulassen möchten oder nicht. Was man nicht herauslesen kann: Darunter befinden sich auch Bewegungsdaten, die u.a. von Kartenanwendungen unterstützend herangezogen werden, aber ebenfalls an Apple übertragen werden. Viele Smartphone-Nutzer fühlen sich bei dem Gedanken unwohl und möchten sich ein Mindestmaß an Privatsphäre erhalten, weshalb sie die Frage ablehnend beantworten. Näheres zum Thema Datenschutz am iPhone finden Sie auf ► Seite 50.

Android-Smartphones

Vorbehaltich möglicher Änderungen bei zukünftigen Versionen des Betriebssystems gilt, dass Android-Smartphones rasch eingerichtet sind. Dies täuscht allerdings etwas, weil einige Funktionen nachträglich aktiviert werden müssen, die bei der Konkurrenz zum standardmäßigen Installationsablauf gehören, bzw. weil sie anders gelöst sind.

PIN-Code eingeben

Wenn diese Meldung erscheint, dann handelt es sich lediglich die Aufforderung, die eingelegte SIM-Karte zu entsperren. Das Gerät wartet auf die Eingabe des vom Provider schriftlich mitgelieferten PIN-Codes (Personal Identification Number). Das ist die geheime, vierstellige Zahlenkombination, mit der die SIM-Karte vor missbräuchlicher Verwendung durch Dritte geschützt ist. Tippen Sie den PIN ein und bestätigen Sie mit >>OK<<. Danach befinden Sie sich auf der Startseite, wo Sie z.B. noch die Sprache ändern können.

Google-Konto einrichten

Das Google-Konto erschließt die Gesamtheit aller Möglichkeiten

Rein theoretisch können Sie ein Android-Smartphone auch ohne Google-Benutzerkonto verwenden, allerdings würde Ihnen dann auch ein herkömmliches Multimedia-Handy genügen. Das Google-Konto ist nämlich der Schlüssel zur Nutzung aller Möglichkeiten auf Ihrem Smartphone und darüber hinaus.

Vielleicht haben Sie ohnehin schon ein Konto angelegt. Schließlich ist Google ja ein Gigant in der Welt des Internets, dem man in vielen Bereichen begegnet. Ganz zentral ist Gmail (vormals Google-Mail), das kostenlose Webmail-Angebot inklusive Kalenderfunktion und Kontaktliste. Aber auch der Cloud-Speicher Google Drive samt seinem Online-Officepaket oder die Picasa-Webalben sind interessante Angebote, die ein Google-Konto voraussetzen.

Weiters dient das Google-Konto auch zur Sicherung und Synchronisation wichtiger Daten auf Ihrem Smartphone, indem die über Gmail versandten und empfangenen E-Mails, die Termine und die Kontakte abgeglichen werden (Infos zu Gmail, Google Drive und Google Kalender auf www.google.at). Jedenfalls sollten Sie im Zuge der Ersteinrichtung Ihres Gerätes gleich ein Google-Konto erstellen bzw. sich mit Ihren bereits vorhandenen Zugangsdaten anmelden. Grundsätzlich sollten Sie in diesem Zusammenhang natürlich die Datenschutzbestimmungen von Google lesen. Tatsache ist allerdings, dass Sie diese wohl oder übel akzeptieren müssen, wenn Sie ein Benutzerkonto haben möchten – Hunderttausende andere Nutzer tun dies ebenfalls und bei der Konkurrenz ist das nicht anders. Wichtig ist, dass Sie im Zuge der Einrichtung die richtigen Einstellungen vornehmen, denn nur hier haben Sie eine gewisse Einflussmöglichkeit.

Google-Standort verwenden

Das Erfassen der Standortdaten hat auch einen praktischen Nutzen

Hier müssen Sie eine schwierige Entscheidung treffen, um die Sie nicht herumkommen. Wenn Sie die beiden Kästchen zum Google-Standortservice aktiviert lassen, dann ermöglichen Sie z.B. Kartendiensten auf Ihrem Smartphone eine möglichst rasche und exakte Standortbestimmung, weil sie sich nicht nur auf das (im innerstädtischen Bereich und in Innenräumen störungsanfällige) GPS-Signal verlassen, sondern auch die Position der nächstgelegenen Mobilfunksender bzw. von WLAN-Netzen in der Umgebung ermittelt. Zugleich werden diese Standortdaten aber an Google weitergeleitet. Diese werden gesammelt z.B. auch dafür verwendet, um aktuelle Informationen zur Verkehrslage zu erhalten (z.B. Staubildungen), die dann wiederum in die Navigationsanweisungen von Google Maps (► Seite 116) einfließen. So gesehen gibt es einen gewissen Nutzen für Sie und für die Allgemeinheit. Das Unternehmen steht mit dieser Vorgangsweise des Datensammelns jedenfalls nicht alleine da. Die Möglichkeiten, sich ein gewisses Maß an Privatsphäre zu erhalten, sind aber unterschiedlich gestaltet und eigentlich immer ein Kompromiss. Im Falle von Android sieht dieser so aus, dass Sie den Google-Standortservice deaktivieren, den zweiten Punkt – betreffend die Verwendung des Standortes für Google-Suchergebnisse und -Services – aber angehakt lassen. Andernfalls ist die Funktionalität diverser Anwendungen zu stark eingeschränkt. Sollte dies bei häufig verwendeten Apps der Fall sein, dann bleibt Ihnen ohnehin nichts anderes übrig, als den Standortservice wieder einzuschalten. Sie finden ihn unter >>Einstellungen/Standort und Sicherheit<<. Aktivieren Sie dort durch Antippen das Kästchen neben „Drahtlosnetze verwenden".

Wenn Sie zum ersten Mal die in Android integrierte Google-Suche verwenden, dann möchte diese übrigens den Standortservice aktivieren. Wenn Sie dies ablehnen, haben Sie in der Regel kaum Komforteinbußen. Betroffen sein können lediglich ortsbezogene Anfragen bzw. Suchergebnisse. Haben Sie den Google-Standortservice doch aktiviert, können

Sie in den Sucheinstellungen immer noch verhindern, dass Google bei Suchanfragen Ihren Standort verwendet. Dazu tippen Sie ins Suchfeld und rufen dann die Einstellungen auf. Näheres zum Thema Android und Datenschutz finden Sie auf ► Seite 55.

Sicherungseinstellungen

Die beiden Optionen „Von meinem Google-Konto auf diesem Gerät wiederherstellen" sowie „Dieses Gerät über mein Google-Konto sichern" sprechen für sich. Selbst wenn Sie gerade erst ein Google-Konto angelegt haben und dieses noch leer ist, trägt die erstgenannte Option dazu bei, dass nach einem Gerätetausch, oder wenn Sie das Smartphone in den Auslieferungszustand zurückversetzt haben, Ihre E-Mails, Kontakte, Kalendereinträge und diverse Einstellungen wieder aufgespielt werden.

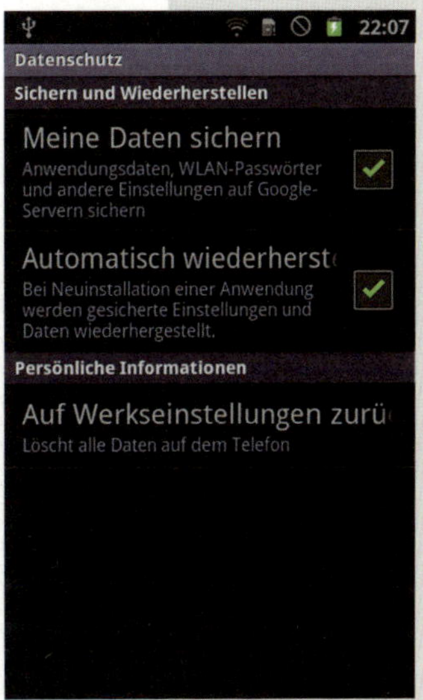

Eine Möglichkeit, wie beim iPhone das gesamte System zu sichern (z.B. Fotos, Musik, SMS), ist bei Android derzeit von Haus aus nicht vorgesehen. Was die (gekauften) Apps betrifft, so werden nicht die Anwendungen selbst, sondern eine Liste gesichert. Anhand dieser werden die Apps später automatisch wieder installiert. Sofern eine App den (manuell zu aktivierenden) Sicherungsservice unterstützt, bleiben auch die persönlichen Einstellungen erhalten, ansonsten handelt es sich um eine echte Neuinstallation.

Nur wenn Sie sich für eine lokale Sicherung am Computer entscheiden, können Sie die beiden oben genannten Optionen deaktivieren. Die lokale Sicherung ist grundsätzlich weniger komfortabel (aber auch nicht so elegant gelöst wie bei Apple). Trotzdem möchten viele Benutzer ihre Daten nicht unbedingt einer „Wolke" (Cloud) im Internet anvertrauen, auch wenn – oder gerade weil – sie wissen, dass es sich um ein von Google betriebenes Rechenzentrum (Server-Park) handelt. Der Vorteil der Online-Sicherung ist die Unabhängigkeit vom Computer, der Vorteil des lokalen Backups, dass man seine persönlichen Daten sozusagen griffbereit bei sich zu Hause hat, oder zumindest die beruhigende Gewissheit hat, wo sie sich befinden. Mehr zum Thema Android-Backup finden Sie auf ► Seite 83.

Datum und Uhrzeit

Hier haben Sie die Wahl zwischen manueller Einrichtung oder automatischer. Letztere nutzt Informationen, die über das Mobilfunknetz bereitgestellt werden. Sie können ruhig die komfortablere Variante wählen, diese benötigt aber zusätzlichen Strom.

WLAN einrichten

Möglicherweise sucht das Smartphone nicht automatisch nach verfügbaren WLAN-Netzen, also drahtlosen Heimnetzwerken für den Internetzugang. Sofern Sie zu Hause über WLAN (auch: WiFi) verfügen, sollten Sie den Empfang am Smartphone aktivieren, um Datenvolumen zu sparen, während Ihr Gerät automatisch abgeglichen wird und Sie sich mit seinen Funktionen vertraut machen. Sie finden die WLAN-Funktion unter >>Einstellungen/Drahtlos und Netzwerke/WLAN-Einstellungen<<. Vermutlich zeigt das Gerät eine ganze Liste von Netzwerken aus der näheren Umgebung. Wählen Sie Ihr eigenes und geben Sie den Netzwerkschlüssel (= Kennwort) ein. Sollte Ihr Netz ungesichert sein, dann sollten Sie dies aus Sicherheitsgründen dringend ändern, damit niemand es unerlaubt mitbenutzen kann.

Unter den >>Einstellungen<< des Smartphones können Sie den WLAN-Empfänger jederzeit aktivieren bzw. wieder deaktivieren. Letzteres sollten Sie immer tun, wenn Sie es für längere Zeit nicht benötigen. Im eingeschalteten Zustand verbraucht der WLAN-Empfänger sonst unnötigerweise Strom und verkürzt die Akkulaufzeit. Das Gerät speichert übrigens das von Ihnen eingegebene WLAN-Passwort und verbindet sich bei der nächten Aktivierung des WLAN-Empfängers automatisch mit dem Internet.

Windows-Phones

SIM-PIN eingeben

Gut möglich, dass Ihr neues Windows Phone 8 Sie auf englisch begrüßt. „enter SIM PIN" ist die Aufforderung, den vom Provider schriftlich mitgelieferten PIN-Code (Personal Identification Number) einzugeben. Das ist die geheime, vierstellige Zahlenkombination, mit der die SIM-Karte vor missbräuchlicher Verwendung durch Dritte geschützt ist. Tippen Sie den PIN-Code ein und bestätigen Sie mit >>OK<< und danach mit >>get started<< (sinngemäß: legen Sie los!).

Sprache wählen

Unter „Choose a language" wählen Sie dann die gewünschte Sprache und tippen mit dem Finger auf >>next<< (= weiter). Nun erfolgt ein Sicherheitshinweis, dass das Gerät im Begriff ist, die Sprache zu wechseln. Bestätigen Sie mit >>OK<<. Das Windows Phone startet neu und Sie müssen erneut den SIM-PIN eingeben.

Nutzungsbedingungen

Ohne Zustimmung zu den Nutzungsbedingungen und den Datenschutzbestimmungen von Microsoft können Sie Ihr Windows Phone nicht verwenden. Die anderen Anbieter handhaben dies natürlich genauso. Deshalb ist es müßig darüber nachzudenken, ob man auf >>Ablehnen<< tippt. Hunderttausenden anderen Nutzern geht es ebenso. Durchlesen sollten Sie das Kleingedruckte zu Ihrer Information schon. Allerdings ist es noch wichtiger, im Zuge der Einrichtung die geeigneten Einstellungen vorzunehmen, denn nur hier haben Sie eine gewisse Einflussmöglichkeit.

Auf die Nutzungsbedingungen haben Sie keinen Einfluss, aber auf die Einstellungen

Handy einrichten – „empfohlen" oder angepasst

Nun haben Sie zwei Möglichkeiten, nämlich die „empfohlene", die den Einrichtungsprozess beschleunigt, bei der Sie aber Microsoft mehr Rechte einräumen, als Sie vielleicht möchten, oder die etwas umständlichere, bei der Sie sich darüber Gedanken machen müssen, was davon Sie akzeptieren und was Sie ablehnen wollen. Wir raten dazu, auf >>Anpassen<< zu tippen, wodurch Sie zur Seite mit den Windows Phone-Einstellungen gelangen.

Windows Phone-Einstellungen

Jedes Smartphone sammelt anonymisierte Nutzungs- und Bewegungsdaten, um sie diversen Anwendungen zur Verfügung zu stellen und deren Genauigkeit und Schnelligkeit zu erhöhen (z.B. Kartendienste), aber auch um sie an den Anbieter zu übermitteln, der sie auswertet, um das Betriebssystem oder bestimmte Dienste zu verbessern. Gleich drei von fünf Punkten unter den Einstellungen betreffen solche Datenübermittlungen, die unter der „empfohlenen" (= automatischen) Smartphone-Konfiguration standardmäßig aktiviert sind.

Manuell können Sie Teile der Datenübermittlung unterbinden

Das Wissen, dass jeder Schritt überwacht und protokolliert wird, ist rein subjektiv betrachtet nicht angenehm. Daran ändert auch die von Microsoft zugesicherte Anonymität nichts. Möchten Sie sich daher ein Mindestmaß an Privatsphäre erhalten, dann deaktivieren Sie folgende drei Punkte durch Entfernen der Haken: „Berichte zur Verbesserung von Produkten und Diensten von Microsoft und Partnern senden", „Tastatureingabeinformationen senden, um Textvorschläge zu verbessern" sowie „WLAN-Verbindungsdaten zur Erkennung von WLAN in der Umgebung senden".

Handy einrichten – Heimatland und Zeitzone

Sollten Sie doch auf die Schaltfläche >>Empfohlen<< getippt und damit die Windows Phone-Einstellungen übersprungen haben, landen Sie gleich auf dieser Seite. Die hier erforderlichen Einstellungen sind selbsterklärend. Allerdings gibt es ganz unten noch ein Kästchen, das Sie nicht übersehen sollten. Microsoft ist nämlich auch daran interessiert, wo überall auf dieser Welt Menschen ein Windows Phone einrichten. Falls Sie das Kästchen nicht deaktivieren, wird ihr Standort mithilfe von GPS auf wenige Meter genau übermittelt – anonymisiert und einmalig zwar, aber es ist aus Nutzersicht nicht so recht einsichtig, warum es überhaupt dieses eine Mal sein muss (Weitere Informationen zum Datenschutz unter Windows Phone finden Sie auf ► Seite 60).

Microsoft-Konto erstellen

So wie bei der Konkurrenz kommt man um das Einrichten eines Benutzerkontos nicht herum, in diesem Fall eine Microsoft-Kontos. Vor der Einführung des PC-Betriebssystems Windows 8 war es unter dem Namen Windows Live-ID bekannt. Wozu ein solches Konto auf dem Smartphone dient, lassen wir Microsoft selbst erklären: Damit „können Sie Ihre Fotos, Kontakte, Musik, Dokumente und mehr mit Ihrem PC oder der Xbox synchron halten. Sie benötigen es außerdem, um Anwendungen zu kaufen und eine Sicherung Ihres Handys durchzuführen."

So wie bei der Konkurrenz ist ein Benutzerkonto nötig, damit der volle Funktionsumfang zur Verfügung steht

Sollten Sie bereits über ein Microsoft-Konto verfügen, etwa weil Sie den Webmaildienst Hotmail oder den Online-Speicher SkyDrive (Infos auf www.skydrive.com) genutzt haben, ist es sinnvoll, dieses zu verwenden. Dann erhalten Sie nämlich auch direkt über das Smartphone Zugriff auf Ihre bereits vorhandenen Daten. Andernfalls erstellen Sie jetzt eine neues Konto.

Kompliziert wird es lediglich, wenn Sie bereits über mehrere verschiedene Microsoft-Konten verfügen, etwa für den (mittlerweile eingestellten) Messenger, den SkyDrive oder die Xbox. In diesem Fall sollten Sie sich überlegen, auf welchem Konto sich jene Informationen befinden, die Sie auch am Windows Phone am häufigsten nutzen möchten. Eine nachträgliche Kontoänderung ist nämlich schwierig und birgt die Gefahr des Datenverlustes in sich. Auf jeden Fall sind Sie dann dazu gezwungen, die Daten der anderen Konten aufs neue Konto zu übertragen. Lediglich der Hotmail/Outlook.com-Account ist nicht davon betroffen und kann jederzeit als zusätzliches Konto auf dem Windows Phone eingerichtet werden.

Die genauen Details dieses Spezialfalls sind für dieses Buch zu umfangreich. Sie finden Sie im Internet auf www.windowsphone.com. Geben Sie dort ins Suchfeld (unter Auslassung der Anführungszeichen) exakt folgenden Wortlaut ein: „Welches Microsoft-Konto soll ich verwenden".

Daten sichern

Die Datensicherung (Backup) in der Cloud ist heutzutage gang und gäbe. Bei Microsoft heißt diese „Wolke" SkyDrive und ist in Wahrheit ein großes Rechenzentrum (Server-Park). Fotos, SMS, die Einstellungen, die Sie auf Ihrem Windows Phone vorgenommen haben, sowie eine Liste der installierten Anwendungen können gesichert werden und werden bei einem Tausch (oder wenn Sie das Gerät in den Auslieferungszustand zurückversetzt haben) automatisch wiederhergestellt. Zusätzlich werden die E-Mails, Kontakte und Kalendereinträge synchronisiert und dadurch gleichzeitig online gesichert.

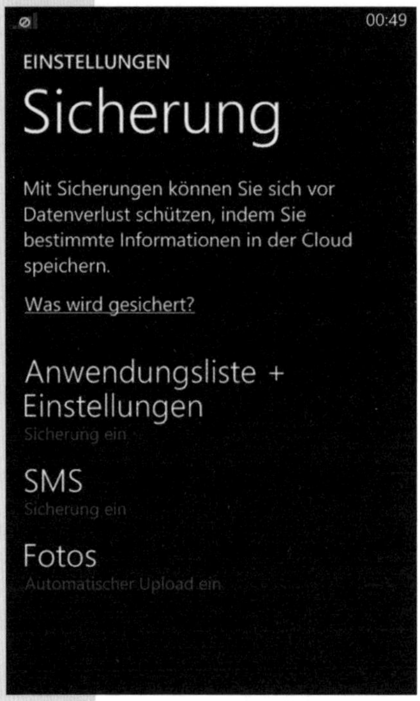

Die Online-Datensicherung ist zweifellos praktisch, weil ortsungebunden und unabhängig vom Computer. Trotzdem ist es vielen Nutzern lieber, ihre Daten auf der Festplatte des eigenen PCs zu wissen. Was beim iPhone eine der beiden von Haus aus angebotenen Alternativen ist und bei den Android-Smartphones zumindest auf Umwegen ebenfalls möglich ist, ist beim Windows Phone nicht vorgesehen. Die von Microsoft bereitgestellte Windows Phone-Desktopanwendung (für Windows 7 und 8; Download auf: www.windowsphone.com) bzw. die Windows Phone-App (für Windows 8), die man kostenlos über den Windows Store beziehen kann, schaffen nicht wirklich Abhilfe. Sie dienen der Synchronisation und Verwaltung von Musik, Fotos, Videos und Klingeltönen auf dem PC. Unabhängig davon können Sie, sofern Sie am PC eine aktuelle Office-Version (ab 2007) verwenden, via Outlook Ihre Kalender und Kontakte synchron halten (Mehr zum Thema Datensicherung beim Windows Phone finden Sie auf ► Seite 86).

WLAN-Verbindung

Falls das Smartphone nicht von alleine danach fragt und Sie zu Hause WLAN (auch: WiFi), also einen kabellosen Internetzugang, installiert haben, sollten Sie im Anschluss an die Ersteinrichtung den WLAN-Empfänger aktivieren. So sparen Sie Datenvolumen, während Ihr Gerät automatisch abgeglichen wird und Sie sich mit seinen Funktionen vertraut machen. Sie finden die WLAN-Funktion unter >>Einstellungen/ WLAN<<.

Vermutlich zeigt das Gerät eine ganze Liste von Netzwerken aus der näheren Umgebung. Wählen Sie Ihr eigenes und geben Sie den Netzwerkschlüssel (= Kennwort) ein. Sollte Ihr Netz ungesichert sein, dann sollten Sie dies aus Sicherheitsgründen dringend ändern, damit niemand es unerlaubt mitbenutzen kann.

Unter den >>Einstellungen<< des Windows Phones können Sie den WLAN-Empfänger jederzeit aktivieren bzw. wieder deaktivieren. Letzteres sollten Sie immer tun, wenn Sie es für längere Zeit nicht benötigen. Im eingeschalteten Zustand verbraucht der WLAN-Empfänger sonst unnötigerweise Strom und verkürzt die Akkulaufzeit. Das Gerät speichert übrigens das von Ihnen eingegebene WLAN-Passwort und verbindet sich bei der nächten Aktivierung des WLAN-Empfängers automatisch mit dem Internet.

Datenschutz und Privatsphäre

Wie Sie im vorigen Abschnitt gesehen haben, können Sie bereits im Zuge der Ersteinrichtung Ihres Smartphones eine ganze Reihe von Einstellungen vornehmen, die zumindest einen Teil der ständigen Kommunikation zwischen Smartphone und Anbieter unterbindet. Anbieter meint hier einerseits jene Unternehmen, die hinter den Betriebssystemen stecken (Apple, Google, Microsoft), andererseits die Entwickler der diversen Apps (Anwendungen), die gleichfalls recht kommunikativ sein können, ohne dass es in jedem Fall tatsächlich notwendig ist.

Dem Thema Apps im Allgemeinen widmen wir uns ab ► Seite 94. Jetzt geht es zunächst um grundsätzliche Einstellmöglichkeiten im Dienste des Datenschutzes. Ziel ist nicht die – ohnehin unrealistische – absolute Anonymität, sondern die Ausgewogenheit zwischen sinnvoller Datenübermittlung bzw. nützlichen Zugriffsrechten und einer übermäßigen Offenherzigkeit. Letztere ist allerdings in vielen Fällen erzwungen, d.h. vom Benutzer gar nicht gewollt, aber auch nicht beeinflussbar.

Absolute Anonymität ist nicht erreichbar

Je nach Betriebssystem bleibt nach der Ersteinrichtung jedenfalls eine mehr oder weniger große Anzahl von Möglichkeiten offen bzw. können Sie Versäumtes nachholen oder getätigte Einstellungen nachträglich anpassen. Wir betrachten wieder jedes Betriebssystem einzeln, denn die Unterschiede sind groß.

iPhone/iOS

Ad-Tracking beschränken

Aufregung unter den Datenschützern verursacht Apple aufgrund der Tatsache, dass Werbekunden und App-Entwickler automatisch mit Daten versorgt werden, die (anonymisiert) Auskunft über das Surfverhalten auf dem jeweiligen iPhone geben. Ad-Tracking (ad = advertisement = Werbung; tracking = Verfolgung) heißt dieses Verfahren, mit dem man nachverfolgen kann, welche Internetseiten besucht und welche Apps genutzt werden. So wird es ihnen ermöglicht, interessenbasierte Werbung zu versenden. Die Anonymisierung erfolgt durch Zuteilung einer

Gerätekennung, der sogenannten Ad-ID, sodass keine Benutzerdaten weitergegeben werden.

Die Aufregung hatte insofern positive Folgen, als es nun eine Möglichkeit gibt, Ad-Tracking zu beschränken und die Ad-ID zu löschen. Allerdings befindet sich beides gut versteckt an einem Ort, an dem man es nicht vermuten würde. Als unwissender Nutzer stolpert man wohl nur zufällig darüber: >>Einstellungen/Allgemein/Info/Werbung<<.

Diagnose und Nutzung

Ein Punkt, den wir bereits auf ► Seite 40 besprochen haben. Sollten Sie im Zuge der Einrichtung das automatische Senden nicht deaktiviert haben, können Sie dies unter >>Einstellungen/Allgemein, Info/Diagnose & Nutzung<< nachholen. An dieser Stelle können Sie außerdem in die protokollierten Daten Einsicht nehmen, werden allerdings ohne tiefergehende Kenntnisse nichts damit anzufangen wissen.

Datenschutz

Die Ortungsdienste waren bereits auf ► Seite 34 ein Thema. Unter >>Einstellungen/Datenschutz<< finden Sie nun sozusagen die Feineinstellungen. Tippen Sie mit dem Finger auf >>Ortungsdienste<<. Noch ist das Verzeichnis leer. Sobald Sie aber z.B. die Karten-App oder die Kamera zum ersten Mal starten, dann fragen diese um Erlaubnis, den aktuellen Ort verwenden zu dürfen. Für die Navigation macht dies zweifellos Sinn und wenn Sie Ihre Fotos automatisch verorten lassen möchten, dann bestätigen Sie gleichfalls mit >>OK<<. Nicht unbedingt notwendig ist es hingegen beim „Safari"-Browser und erst recht nicht bei Suchmaschinen wie Google oder bing, die gleichfalls auf die Ortungsdienste zugreifen möchten, sobald Sie sie im Browser aufrufen. Manchmal ist es freilich nicht ganz eindeutig, ob der Zugriff notwendig ist oder nicht. Die Erinnerungen-App benötigt ihn z.B. nur für ortsabhängige Meldungen, die erst aufscheinen, wenn Sie sich tatsächlich dort befinden,

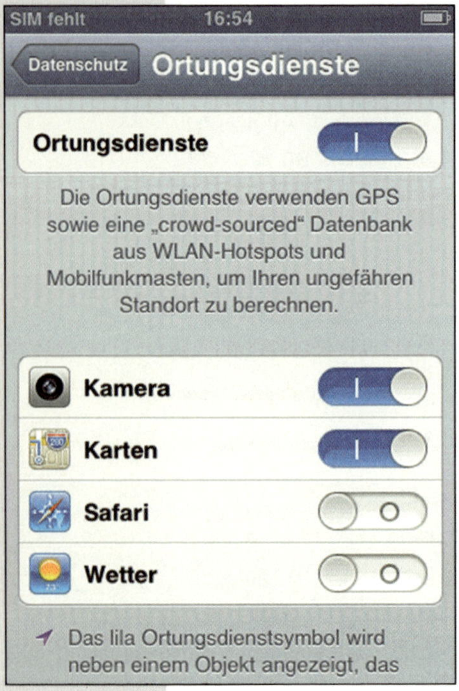

nicht aber für die tages- und zeitabhängigen Meldungen. Sollte eine App nicht wie gewünscht funktionieren, dann können Sie die Einstellungen im Verzeichnis Ortungsdienste gezielt ändern.

Das oben Gesagte gilt auch für die übrigen Verzeichnisse auf dieser Seite, wie etwa Kontakte, Kalender oder Erinnerungen. Hier landen Apps, die Zugriff auf eben diese Daten verlangen. Es ist jedoch vielfach gar nicht erforderlich, dass sie z.B. auf Ihre Kontakte zugreifen, sondern dient lediglich dem Sammeln von Daten durch Apple oder den externen Entwickler der App. Auch hier müssen Sie nach dem erstmaligen Starten der App üblicherweise zustimmen oder ablehnen. Sollten Sie diese Entscheidung ändern wollen, dann rufen Sie wiederum unter >>Datenschutz<< das entsprechende Verzeichnis auf.

Safari

Den Safari benannten, Apple-eigenen Browser haben wir soeben bei den Ortungsdiensten erwähnt. Es gibt aber noch weitere Einstellungen, welche die persönliche Sicherheit zumindest ein wenig erhöhen können. Tippen Sie auf >>Einstellungen/Safari<<. Im Hinblick auf die Gefahr, dass ein Smartphone leicht in falsche Hände geraten kann, sollten Sie unter >>Automatisch ausfüllen<< sowohl die Benutzung der Kontaktinfo als auch das automatische Ausfüllen von Namen und Kennwörtern deaktivieren. Letztere sollten Sie zudem löschen, denn zwecks automatischem Ausfüllen werden diese ja auf dem iPhone gespeichert.

Deaktivieren Sie das automatische Ausfüllen

Das so genannte private Surfen unterbindet das Aufzeichnen des Verlaufs (Chronik), also der von Ihnen aufgerufenen Internetseiten. Es handelt sich dabei um eine Komfortfunktion. Haben Sie das automatische Ausfüllen von Namen und Kennwörtern deaktiviert, ist es nicht unbedingt nötig, zusätzlich das private Surfen einzuschalten – außer Sie möchten grundsätzlich verhindern, dass Dritte nachvollziehen können, welche Seiten Sie im Browser aufgerufen haben. Der Verlauf lässt sich mit der entsprechenden Schaltfläche aber auch manuell löschen.

„Cookies" sind kleine Dateien mit Zusatzinformationen, die auf Ihrem Gerät abgelegt werden, wenn Sie Internetseiten aufrufen. Die Option „Von besuchten Seiten erlauben" ist der Mittelweg zwischen Sicherheit und Funktionalität. Wenn Sie Cookies gänzlich ablehnen, dann können Sie über das iPhone z.B. keine Einkäufe tätigen, weil ihr „Warenkorb" im Online-Shop nicht funktioniert. Es schadet aber nicht, die Cookies regelmäßig manuell zu löschen. Dies kann auch gezielt geschehen, d.h. Sie tippen ganz unten auf der Seite auf >>Erweitert/Website-Daten/Bearbeiten<< und können dann einzelne Einträge löschen.

Die Betrugswarnung (Anti-Phishing) sollten Sie sicherheitshalber aktivieren, was aber nicht bedeutet, dass Sie sich in Sicherheit wiegen können. Hier analysiert der Browser aufgerufene Seiten anhand bestimmter Kriterien und stuft sie im Fall des Falles als Sicherheitsrisiko ein. Dies muss aber nicht immer stimmen bzw. kann Safari natürlich nicht alle tatsächlichen Betrugsversuche erkennen. Letztlich liegt es an auch Ihnen, kritisch zu sein und unbekannte Links nicht blindlings anzutippen oder persönliche Daten bereitwillig weiterzugeben.

JavaScript ist eine plattformübergreifende Programmiersprache, die häufig zum Einsatz kommt, weil sie von vielen Browsern verstanden wird. Allerdings steht sie auch immer wieder in der Kritik, weil sie eine Lücke darstellt, über die Angriffe von außen stattfinden können.Das Problem dabei ist, dass die Nutzbarkeit mancher Internetseiten eingeschränkt ist, wenn Sie JavaScript deaktivieren. Leider befindet sich auch die beliebte Videoplattform YouTube darunter. Trotzdem lautet der Rat, lieber ohne JavaScript im Internet unterwegs und nur dann zu aktivieren, wenn Probleme bei der Funktion einer vertrauenswürdigen Seite auftreten. Gleiches gilt für das Zulassen von Pop-Ups, also Fenstern, die sich automatisch öffnen. In den meisten Fällen ist es kein Problem, mit unterdrückten Pop-Ups zu surfen. Im Gegenteil, Sie ersparen sich dadurch unerwünschte Werbeeinblendungen und reduzieren die Virengefahr.

Systemdienste

Noch eine Feinheit hat Apple gut auf dem iPhone versteckt. Kehren wir zurück zu >>Einstellungen/Datenschutz/Ortungsdienste<<. Ganz unten auf der Seite befinden sich die >>Systemdienste<<. Darin wiederum gibt es eine Liste von Diensten, die dem Handybesitzer nur bedingt selbst dienlich sind.

Ihre Nutzungsgewohnheiten sind mitentscheidend für das Aktivieren oder Deaktivieren bestimmter Dienste

„Diagnose und Nutzung" wird Ihnen bekannt vorkommen. Wir haben bereits deren automatische Übermittlung unterbunden. Nun sind wir sozusagen beim Hauptschalter angelangt, wo die Protokollierung der Smartphone-Nutzung überhaupt abgestellt werden kann. „Funknetzsuche" sammelt die Daten von WLAN-Hotspots und Mobilfunkmasten in der Umgebung und kann im Grunde deaktiviert werden. Allerdings wird dieser Dienst auch vom Sprachassistenten Siri genutzt und dient der genaueren Ortsbestimmung. Je nach Nutzungsgewohnheiten sollten Sie ihn also eventuell doch aktiviert lassen.

„Genius für Apps" protokolliert die Art der von Ihnen installierten Apps und macht Ihnen im Rahmen des „App Stores" Vorschläge für ähnliche weitere Anwendungen. Eine Funktion, die eher verzichtbar ist. Die „Kompasskalibrierung" macht bedingt Sinn, weil sie der genaueren Richtungsbestimmung z.B. bei Verwendung der Karten-App (► Seite 116) dient. Sie können es aber ruhig zunächst einmal ohne versuchen. „Ortsabhängige iAds" können Sie auf jeden Fall deaktivieren. Hier dreht es sich lediglich um Werbung. Die Verbesserung der Navigation via Karten-App hat „Verkehr" zum Ziel. Aus den gesammelten Daten werden Informationen zur aktuellen Verkehrslage ausgelesen (z.B. Staubildungen), die in die Navigationsanweisungen einfließen. Auf diesem Umweg ist die Datenübertragung in diesem Fall für Sie ebenso nützlich wie für alle anderen iPhone-Besitzer, die mit der Karten-App unterwegs sind. Trotzdem ist das Zulassen Ihre persönliche Entscheidung.

„Zeitzone einstellen" schließlich ist nur dann nützlich, wenn Sie eine Auslandsreise antreten. Da der Dienst in der Werkseinstellung aktiviert ist, hat ihr iPhone ohnehin bereits die richtige Zeitzone gefunden. Die Möglichkeit zur manuellen Korrektur von Datum und Uhrzeit finden Sie unter >>Einstellungen/Allgemein<<. Das Deaktivieren der nicht unbedingt benötigten Dienste spart darüber hinaus Strom.

Android-Smartphones

Auch wenn die Kritik an Apple laut ist: Die Android-Smartphones und speziell die dafür erhältlichen Apps sammeln gleichfalls eifrig Daten. Zugleich sind aber die Möglichkeiten für die Benutzer, nachträglich Einfluss zu nehmen, im Moment deutlich eingeschränkter als beim iPhone.

„Datenschutz", der keiner ist

Auch unter Android enthalten die >>Einstellungen<< (aufzurufen über die linke, berührungssensible Taste am Gehäuse) einen Eintrag >>Datenschutz<<. Tippt man ihn an, findet man allerdings nicht das, was man erwarten würde. Hier geht es um die Datensicherung und die Wiederherstellung, denen wir bereits im Zuge der Ersteinrichtung begegnet sind (► Seite 43). Darüber hinaus besteht die Möglichkeit, das Smartphone (z.B. vor einem Weiterverkauf) in den Werkszustand zurückzuversetzen. Dabei werden dann alle persönlichen Daten gelöscht.

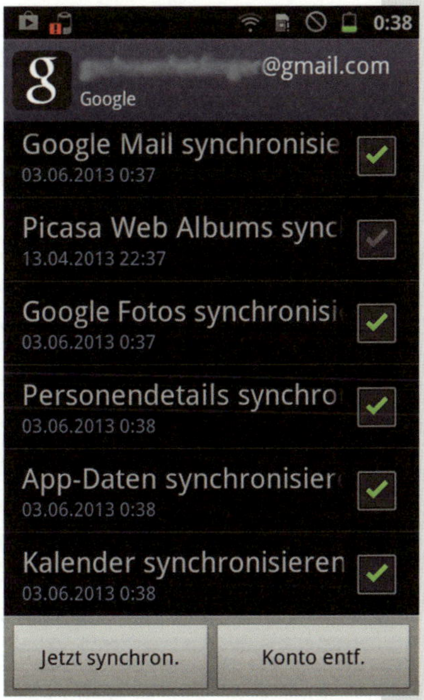

Ein Android-Smartphone orten

Während iPhone und Windows Phone 8 eine Funktion zum Orten, Sperren und Fernlöschen eines verlorenen oder gestohlenen Gerätes via Computer bereits vorinstalliert haben, muss man bei Android auf Virenschutz-Apps (► Seite 65) zurückgreifen, von denen viele diese Möglichkeiten integriert haben. Alternativ dazu bieten manche Hersteller, wie z.B. Samsung, einen vergleichbaren Ortungsdienst für verlorene Smartphones (zumindest jene der „Galaxy"-Reihe) an. Dies ist natürlich mit einer persönlichen Registrierung verbunden und es werden Standortinformationen weitergegeben.

Standort und Sicherheit

Unter diesem Punkt in der Liste der >>Einstellungen<< finden Sie keine neuen Optionen, sondern können bereits getroffene überprüfen bzw. ändern. Das Verwenden von Drahtlosnetzen haben wir bereits im Zuge der Ersteinrichtung beim „Standortservice" (► Seite 42) zumindest fürs Erste deaktiviert, hier wird jetzt nur eine andere Bezeichnung verwendet. Sollte eine Aktivierung doch notwendig oder erwünscht sein, dann lassen sich eventuell noch die ortsbezogenen Zugriffsrechte einzelner Anwendungen, wie z.B. der Google-Suche, gesondert abschalten (► Seite 57). Der GPS-Empfänger bleibt sinnvollerweise aktiviert.

Anwendungen verwalten

Wir bleiben im Bereich der >>Einstellungen<<. Theoretisch haben Sie unter >>Anwendungen/Anwendungen verwalten<< die Kontrolle über die installierten Apps. Dabei wird unterschieden, ob es sich um herstellerseitig vorinstallierte oder um nachträglich hinzugefügte Apps handelt. Vorinstallierte (von denen manche verzichtbar wären) können Sie maximal stoppen bzw. die darin gespeicherten Daten löschen. Die selbst installierten können Sie auf Wunsch auch wieder entfernen.

Der Einfluss auf die Zugriffsberechtigungen der Apps ist sehr beschränkt

Darüber hinaus erhalten Sie bei den selbst installierten Apps eine Übersicht, auf welche Funktionen und Dienste diese auf Ihrem Smartphone zugreifen dürfen. Das ist zwar möglicherweise informativ, aber Sie können keinerlei individuellen Einfluss darauf nehmen. Das Prinzip bei Android lautet: Entweder alle Bedingungen akzeptieren oder die Anwendung nicht verwenden. Deshalb ist es hier besonders wichtig, schon vor dem Herunterladen einer App nachzulesen, wozu Sie Ihre Zustimmung geben müssen und im Zweifelsfall auf die App zu verzichten.

Eine Zeitlang war in Googles App-Store namens „Google Play" eine von dritter Seite entwickelte App verfügbar, die den Benutzern erweiterte Einstellmöglichkeiten einräumte, ohne dass ein Root, also ein tiefergehender Eingriff ins Gerät erfolgen musste. Davon abgesehen, dass die App aufgrund möglicher Sicherheitsrisiken nicht ganz unumstritten war, wurde sie von Google bald schon aus dem Store entfernt. Dies zeigt, wie gering die Bereitschaft ist, den Benutzern großzügigere Rechte einzuräumen.

Google-Suche

Bei den Android-Smartphones ist die Google-Suche vom Browser abgekoppelt. Das Eingabefeld befindet sich gleich auf der Startseite. Wenn Sie mit dem Finger darauf tippen, dann gelangen Sie auf dem üblichen Wege auch zu den Sucheinstellungen. Hier können Sie nicht nur die Verwendung des Standortes aktivieren bzw. deaktivieren, sondern auch den Suchverlauf für die Google-Suche löschen. So verhindern Sie, dass andere Personen, die Ihr Smartphone verwenden, nachverfolgen können, welche Seiten Sie besucht haben sowie welche auf dem Gerät installierten Apps Sie über die Google-Suche aufgerufen haben. Alle weiteren sicherheitsrelevanten Einstellungen finden Sie im Internet-Browser.

Die Google-Suche ist unter Android eine eigenständige Anwendung

Internet-Browser

Während die Google-Suche auf der Startseite platziert ist, befindet sich der Internet-Browser unter den Anwendungen. Auch hier ist Google als Standard-Suchmaschine eingestellt. Unabhängig von der Google-Suche wird nach der Erlaubnis gefragt, den Standort verwenden zu dürfen. Dies ist nicht unbedingt erforderlich, denn wenn Sie eine konkrete Adresse suchen, nutzen Sie ohnehin Google Maps oder die Navigations-App, sodass die Google-Startseite (aber auch keine der anderen wählbaren Suchmaschinen) Ihren Standort nicht kennen muss.

Unter den >>Optionen<< des Browsers finden Sie auch die >>Einstellungen<<. Hier haben Sie in der unteren Hälfte der Liste die Möglichkeit, den Standort zu aktivieren oder zu deaktivieren sowie eine eventuell bereits erteilte Standort-Zugriffserlaubnis für Internetseiten zu löschen. Zur Erhöhung der Sicherheit sollten Sie Pop-up-Fenster blockieren, das sind Fenster, die sich beim Besuch von Internetseiten von alleine öffnen, die aber selten relevant sind, weil sie meistens Werbung enthalten, manchmal aber auch Viren. Nur wenn eine Ihnen bekannte Seite nicht so funktioniert, wie Sie sollte, können Sie die Pop-ups (vorübergehend) aktivieren.

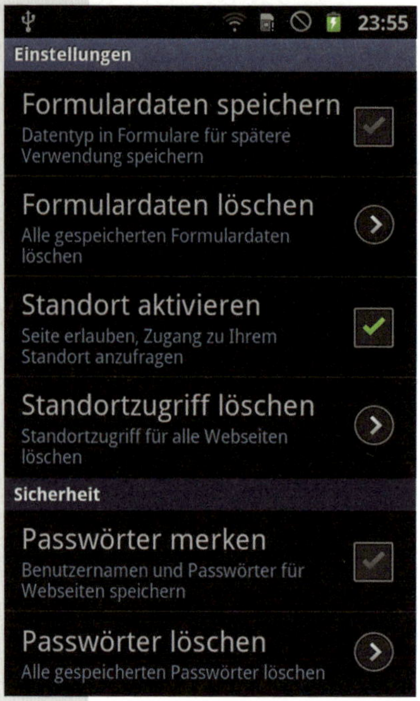

Wenn Sie das Laden von Bildern verhindern, indem Sie den Haken bei dieser Option entfernen, beschleunigen Sie den Browser und reduzieren die dargestellten Informationen auf den Text. Dies kann manchmal durchaus erwünscht sein bzw. ist es nützlich, wenn die Datenverbindung an Ihrem Aufenthaltsort ohnehin schlecht und daher langsam ist.

JavaScript ist eine plattformübergreifende Programmiersprache, die häufig zum Einsatz kommt, weil sie von vielen Browsern verstanden wird. Allerdings steht sie auch immer wieder in der Kritik, weil sie eine Lücke darstellt, über die Angriffe von außen stattfinden können. Das Problem dabei ist, dass die Nutzbarkeit mancher Internetseiten eingeschränkt ist, wenn Sie JavaScript deaktivieren. Leider befindet sich auch die beliebte Videoplattform YouTube darunter. Trotzdem lautet der Rat, lieber ohne JavaScript im Internet unterwegs und nur dann zu aktivieren, wenn Probleme bei der Funktion einer vertrauenswürdigen Seite auftreten.

Wir befinden uns weiterhin bei den Einstellungen des Android-Browsers: „Cache leeren" bedeutet, dass Sie lokal gespeicherte Inhalte besuchter Internetseiten löschen. Der Browser legt diese in einem Zwischenspeicher ab, damit wiederholte Aufrufe derselben Seite schneller erfolgen können. Wenn Sie den Verlauf leeren, um die Nachverfolgbarkeit Ihrer Aktivitäten im Internet durch allfällige andere Benutzer Ihres Smartphones zu verhindern, dann löschen Sie auch den Cache. Für den rein persönlichen Gebrauch ist beides nicht notwendig, weil es sich um Komfortfunktionen handelt.

„Cookies" sind kleine Dateien mit Zusatzinformationen, die auf Ihrem Gerät abgelegt werden, wenn Sie Internetseiten aufrufen. Einen Mittelweg zwischen Sicherheit und Funktionalität, wie bei iPhone und Windows Phone, gibt es unter Android derzeit nicht. Wenn Sie Cookies gänzlich ablehnen, dann können Sie z.B. keine Einkäufe tätigen, weil Ihr „Warenkorb" im Online-Shop nicht funktioniert. Es schadet aber nicht, die Cookiedaten regelmäßig manuell zu löschen.

Ein wesentlicher Punkt ist das Speichern von Formulardaten. Dies bedeutet, dass alles, was Sie auf einer Internetseite an (persönlichen) Daten in ein Online-Formular eingeben, gespeichert wird, um in der Folge weitere Formulare rascher ausfüllen zu können. In Kombination mit der Funktion „Passwörter merken" kann dies allerdings problematisch werden, falls Ihr Smartphone in die falschen Hände gerät. Der Rat lautet, weder Formulardaten noch Passwörter zu speichern und bereits vorhandene Einträge zu löschen.

Sicherheitsfunktionen ersparen nicht die persönliche Umsicht und Aufmerksamkeit

Das Anzeigen von Sicherheitswarnungen schließlich ist eine Funktion, die zur Erhöhung der Sicherheit beitragen kann. Steht eine Seite im Verdacht, z.B. dem Phishing von persönlichen Daten und Passwörtern zu dienen, dann erscheint eine Warnung. Natürlich muss dies nicht in allen Fällen stimmen bzw. kann der Browser natürlich nicht alle tatsächlichen Betrugsversuche erkennen, weil er ja nur anhand gewisser standardisierter Kriterien entscheidet. Letztlich liegt es auch an Ihnen, aufmerksam zu sein und unbekannte Links nicht blindlings anzutippen oder persönliche Daten bereitwillig weiterzugeben.

Windows Phone 8

Microsoft ist im PC-Bereich schon seit bald zwei Jahrzehnten dafür bekannt, beim Datensammeln nicht gerade Zurückhaltung zu üben und steht – wie wir im Zuge der Ersteinrichtung (► Seite 45) gesehen haben – auch beim Windows Phone der Konkurrenz in nichts nach. Den Großteil der für Sie relevanten Punkte finden Sie jedenfalls in den >>Einstellungen<<, gekennzeichnet durch ein Zahnradsymbol. Hier haben Sie z.B. Zugriff auf Ihr E-Mail-Konto oder auf die bei der Ersteinrichtung bereits gewählten Optionen für die Online-Sicherung von Anwendungsliste, Einstellungen, SMS und Fotos (► Seite 48).

Ortung

Wir befinden uns weiterhin in den >>Einstellungen<<. Die Ortungsdienste müssen grundsätzlich aktiviert sein, denn sonst stehen einige Anwendungen nicht oder nur sehr eingeschränkt zur Verfügung. Beim erstmaligen Start fragen einige davon um Erlaubnis, die Ortung verwenden zu dürfen. Von den vorinstallierten Anwendungen sind das z.B. die Karten-App, die Kamera oder die Wettervorschau.

Bei dem für dieses Buch verwendeten HTC-Smartphone funktioniert die Karten-App definitiv nicht ohne Zulassung der Ortung, weil offenbar auch die Aktivierung des GPS-Empfängers damit verknüpft ist. Möglich, dass es hier Unterschiede zwischen den einzelnen Herstellern und Modellen gibt. Sobald Sie für eine Anwendung die Ortung zulassen, müssen Sie jedenfalls damit leben, dass Microsoft und seine Partner anonymisierte Daten übermittelt bekommen.

Auch die ins Windows Phone integrierte bing-Suche (die vergleichbar der Google-Suche unter Android vom Browser abgekoppelt ist und die Sie über die Lupen-Taste rechts unten am Gerät aufrufen) sowie die darin enthaltene Scan-Funktion von Texten und QR-Codes möchten auf den Standort zugreifen, brauchen dies aber nicht unbedingt.

Internet Explorer

Der Internet Explorer ist Microsofts Standard-Browser und auf den Windows Phones vorinstalliert. Sie finden ihn auf der Startseite bzw. in der App-Liste. Auch er bzw. eventuell darin aufgerufene Suchmaschinen (bing, Google) möchten auf die Ortungsdienste zugreifen, was aber nicht zwingend sein muss. Rufen Sie innerhalb der Explorer-Einstellungen >>Erweiterte Einstellungen<< auf. Hier können Sie die Ortung erlauben oder unterbinden, verhindern, dass Ihr Browser die Verlaufsdaten an Microsoft sendet – was wir im Zuge der Ersteinrichtung unter den Windows Phone-Einstellungen bereits unterbunden haben (▶ Seite 46) – und den SmartScreen-Filter zum Schutz vor unsicheren Websites nutzen.

Der SmartScreen-Filter bringt zusätzliche Sicherheit, nimmt den Benutzer aber nicht aus der Verantwortung

Der SmartScreen-Filter entspricht dem „privaten Surfen" des iPhones bzw. den Sicherheitswarnungen von Android, bei denen es primär um Phishing-Versuche geht. Der SmartScreen-Filter analysiert aufgerufene Seiten anhand bestimmter Kriterien und stuft sie im Fall des Falles als Sicherheitsrisiko ein. Dies muss aber nicht in allen Fällen stimmen bzw. kann er natürlich nicht alle tatsächlichen Betrugsversuche erkennen. Letztlich sind immer Sie als Benutzer gefordert, kritisch zu sein und unbekannte Links nicht blindlings anzutippen oder persönliche Daten bereitwillig weiterzugeben.

„Besuchten Websites eine Aufforderung zur Nicht-Nachverfolgung senden" ist eine grundsätzlich sinnvolle Option, die Sie aktivieren sollten, weil Sie dann eine Spur anonymer im Internet unterwegs sind. Allerdings dürfen Sie sich deshalb nicht unbeobachtet fühlen, denn es gibt keine Verpflichtung für die Betreiber von Internetseiten, diese so zu programmieren, dass sie dieser Aufforderung – oder besser gesagt: diesem Wunsch – hundertprozentig nachkommen.

Somit kommen wir zu den „Cookies". Das sind kleine Dateien mit Zusatzinformationen, die auf Ihrem Gerät abgelegt werden, wenn Sie Internetseiten aufrufen. Die Option „Einige blockieren" ist, ähnlich wie beim iPhone, der Mittelweg zwischen Sicherheit und Funktionalität. Wenn Sie Cookies gänzlich ablehnen, dann können Sie über das Windows Phone z.B. keine Einkäufe tätigen, weil ihr „Warenkorb" im Online-Shop nicht funktioniert. Es schadet aber nicht, die Cookies regelmäßig manuell zu entfernen. Dies erfolgt – ohne weitere Auswahlmöglichkeit – gemeinsam mit den temporären Dateien, dem Browserverlauf und den gespeicherten Kennwörtern, indem Sie auf der ersten Seite der >>Einstellungen<< auf >>Verlauf löschen<< tippen.

Im Gegensatz zur Konkurrenz ist es leider nicht möglich, dem Internet Explorer von Haus aus das Speichern von Formulareinträgen und Kennwörtern zu untersagen. Dies wäre aber – im Hinblick auf einen möglichen Missbrauch durch Dritte – wünschenswert. Und auch das Unterdrücken von Pop-up-Fenster steht auf dieser Wunschliste. So gesehen ist der Internet Explorer jener Browser mit den wenigsten individuellen Einstellmöglichkeiten für die Benutzer.

Noch eine Option unter >>Einstellungen/Erweiterte Einstellungen<< ist erwähnenswert: „Websites dürfen Dateien auf meinem Handy speichern". Es wird auch anhand von Microsofts Beschreibung nicht ganz klar, welche Dateien konkret hier landen und auch nach längerem Testen blieb der Speicher leer. Das Deaktivieren hat jedenfalls keinen spürbaren Einfluss auf das herkömmliche Surfen im Internet. Sie können die Option aber auch aktiv lassen und beobachten, ob und welche Seiten hier Dateien ablegen. Löschen lassen sich diese ja jederzeit.

Spracherkennung

Ähnlich wie das iPhone hat das Windows Phone eine Spracherkennung integriert, die aber gleichfalls nur dann korrekt funktioniert, wenn Sie der anonymisierten Übermittlung diverser Daten zustimmen. Die reicht vom gesprochenen Wort (zwecks Sprachanalyse) bis hin zu Ihrem Aufenthaltsort, damit z.B. die sprachgesteuerte Routensuche möglich ist.

„Mein Handy finden"

Als Überleitung zum Thema Sicherheit am Smartphone beschäftigen wir uns auch beim Windows Phone mit der Funktion zum Auffinden, Sperren und Fernlöschen eines verlorenen oder gestohlenen Smartphones, die wie beim iPhone integriert ist. Sie finden sie unter >>Einstellungen/Mein Handy finden<<, wo Sie zusätzliche Funktionen aktivieren können.

„Anwendungen über Pushbenachrichtigungen an mein Handy senden (statt SMS)" bedeutet, dass Befehle und Anwendungen, die Sie an Ihr Windows-Smartphone übermitteln, um bestimmte Aktionen zu veranlassen, nicht als SMS über das Telefonnetz, sondern über das Datennetz übertragen werden. Das ist schneller und kann Kosten sparen, falls Sie keine SMS-Pauschale im Tarif inkludiert haben. Außerdem ist die Anzahl der SMS seitens Microsoft auf 15 Stück innerhalb von drei Tagen beschränkt, für Pushbenachrichtigungen gibt es kein Limit.

Wenn Sie „Meine Position zum leichteren Auffinden meines Handys regelmäßig und bevor der Akku leer ist speichern" anhaken, dann wird dessen Standort alle paar Stunden auf einem Microsoft-Server gespeichert. Sollte das Windows Phone ausgeschaltet werden oder der Akku leer sein, lässt sich immer noch der zuletzt bekannte Standort eruieren. Aber auch wenn Sie diese Option nicht aktiviert haben, können Sie versuchen, Ihr (eingeschaltetes) Gerät über den Computer zu orten. Dies erfolgt über www.windowsphone.com/de-AT/my und funktioniert selbst dann, wenn Sie auf Ihrem Windows Phone die Ortungsdienste deaktiviert haben.

Die Funktion „Mein Handy finden" ist standardmäßig aktiviert

Die Funktion „Mein Handy finden" ist standardmäßig aktiviert. Möchten Sie gänzlich darauf verzichten, müssen Sie das Gerät auf der oben genannten Internetseite von Ihrem Konto entfernen.

Sicherheit am Smartphone

Seit die Smartphones hinsichtlich ihres Funktionsumfangs und ihrer Leistungsfähigkeit mit den Computern mithalten können, ist auch das Thema Sicherheit in den Mittelpunkt gerückt. Dieses darf man nicht auf die Frage, ob und welchen Virenscanner man installieren soll, reduzieren.

Kostenko Maxim/Shutterstock.com

Apps manuell updaten

Die als Option angebotene automatische Installation von App-Updates kann eine versteckte Kostenfalle sein. Aktualisieren Sie Apps immer nur gezielt manuell. Nicht mehr verwendete Apps oder solche, für die der Entwickler schon seit Längerem keine Updates mehr anbietet, sollten Sie von Ihrem Smartphone entfernen.

Eindeutige Antworten gibt es in diesem Bereich zwar nur bedingt, aber es gibt gewisse Empfehlungen, die Sie beim Umgang mit dem Smartphone berücksichtigen sollten.

Fest steht, das iPhone und das Windows Phone 8 haben folgende grundsätzliche Vorteile: die geringere Verbreitung am Markt, die weitgehende Geschlossenheit des Systems und bis zu einem gewissen Grad das Zulassungsverfahren für neue Apps, das – zumindest theoretisch – gründlicher ist als jenes von Google. Letzteres besteht nämlich aus einem im Nachhinein durchgeführten Scan zum Aufspüren von Schadsoftware.

Für das Windows Phone gibt es derzeit noch gar keine Virenschutz-Lösung, womit sich die Frage der Installation erübrigt. Für das iPhone ist es im Grunde ebenfalls nicht notwendig, sofern man am Gerät keinen Jailbreak (► Seite 22) durchgeführt hat, der eine Sicherheitlücke öffnet. Hinzu kommt, dass die bisher angebotenen Lösungen nicht überzeugen.

Speziell bei den Android-Geräten ist der Virenschutz mittlerweile ein hoch aktuelles Thema

Anders im Falle von Android: Dessen Siegeszug und sein offenes System bringen zwangsläufig die Gefahr mit sich, dass dieses Betriebssystem bevorzugtes Ziel von böswilligen oder kriminellen Angriffen wird. Deshalb herrscht große Übereinstimmung darüber, dass die Installation einer Virenschutz-App sinnvoll ist. Allerdings findet man im Play Store von Google mittlerweile um die 40 kostenlose und kostenpflichtige Virenscanner, weshalb eine Auswahlhilfe notwendig ist.

Das auf Sicherheit im IT-Bereich spezialisierte deutsche Institut AV-TEST hat zuletzt im März 2012 einen Bericht zum Android-Malwareschutz veröffentlicht. Verwendet wird der Begriff Malware, also die Gesamtheit der in böswilliger oder krimineller Absicht verbreiteten Schadsoftware, weil die Bedrohung nicht nur von den klassischen Viren ausgeht. Die Empfehlungen von AV-TEST können auch als Orientierung für die anderen Betriebssysteme gelten und besagen Folgendes:

- Android-Nutzer sollten auf jeden Fall eine Antiviren-Lösung installieren, weil die Programmierer von Schadsoftware mittlerweile in der Lage sind, Schadsoftware nachträglich einzuspielen, nachdem die App die Kontrolle durch Google bestanden hat.
- Die besten Lösungen stammten laut AV-TEST von folgenden Anbietern (in alphabetischer Reihenfolge): Avast, Dr. Web, F-Secure, Ikarus, Kaspersky, Lookout, McAfee, MYAndroid Protection, NQ Mobile und Zoner. Immer noch gut abgeschnitten haben AegisLab, AVG Mobilation, Bitdefender, BullGuard, Comodo, ESET, Norton, QuickHeal, Super Security, Total Defense, Trend Micro, Vipre und Webroot.
- Im Zweifelsfall sollten Sie immer zum Produkt eines aus dem Computerbereich bekannten Virenschutzanbieters greifen. Die Ergebnisse von deren mobilen Lösungen liegen allesamt über dem Durchschnitt. Dabei ist es rein hinsichtlich der Erkennung von Bedrohungen nicht entscheidend, ob Sie die kostenlose oder die kostenpflichtige Lösung wählen. Sinnvoll ist es jedoch, bei der Auswahl allfällige Zusatzfunktionen mitzuberücksichtigen, wie Backupmöglichkeiten oder Vorkehrungen im Falle des Verlustes oder Diebstahls (z.B. das Smartphone lokalisieren oder das Fernlöschen von Daten – zur Info: iOS und Windows Phone 8 haben diese Funktionen integriert).
- Apps herunterladen sollten Sie immer nur von vertrauenswürdigen Quellen, also den jeweiligen Stores bzw. kommt im Falle von Android früher oder später der momentan nur in Deutschland verfügbare Amazon App-Shop infrage. Trotzdem sollten Sie bei Apps, die neu erschienen sind oder solchen, die schon länger online sind, aber noch keinerlei Nutzerbewertungen haben bzw. wenige Downloads aufweisen, vorsichtig sein. Bei Google Play kann es z.B. bis zu vier Wochen dauern, bis eine als Malware erkannte App aus dem Angebot entfernt wird.

Der Unterschied zwischen kostenlosen und kostenpflichtigen Apps liegt nicht beim Virenschutz, sondern bei den Zusatzfunktionen

- Vor der Installation einer App sollten Sie immer nachlesen, welche Zugriffsberechtigungen diese einfordert und ob diese Berechtigungen einen Sinn ergeben. So ist es bei den meisten Spielen etwa nicht notwendig, dass die App SMS lesen oder verfassen oder auf die Kontakte oder den Standort zugreifen muss.

Auch nach dem erstmaligen Start eine installierten App werden oft diverse Berechtigungen abgefragt, bei denen Sie entscheiden können, ob Sie sie gewähren oder nicht. Im Zweifelsfall verzichten Sie besser auf eine App, bevor Sie ein unnötiges Risiko eingehen. Weitere Infos zum Thema Apps finden Sie auf ► Seite 94.

Smartphones erfordern ähnliche Vorsichtsmaßnahmen wie Computer

- Von den Apps abgesehen, gelten für Smartphones ähnliche Vorsichtsmaßnahmen wie für den Computer: Öffnen Sie keine E-Mails von unbekannten Absendern bzw. folgen Sie keinen Internetlinks in E-Mails, die Sie zur Bekanntgabe persönlicher Daten auffordern. Das gleiche gilt für SMS oder Telefonnummern, die Sie nicht zuordnen können. Sollte es wichtig sein, wird sich die betreffende Person wieder melden oder von vornherein ihren Namen bekanntgeben.
- Online-Banking am Smartphone ist gleichfalls ein heikles Thema. Die Empfehlung lautet, Online-Transaktionen zwischen Computer und Smartphone aufzuteilen und nicht in Eile unterwegs sondern in Ruhe von daheim aus zu erledigen. Das heißt, Sie steigen am Computer in Ihr Konto ein, lassen sich aber die TAN, die Sie zur Bestätigung der Überweisungsaufträge benötigen, per SMS auf Ihr Smartphone schicken. So reduzieren Sie das Risiko deutlich.

Aufs neue Smartphone übersiedeln

Wenn Sie auf eine neues Smartphone umsteigen, dann gibt es verschiedene Szenarien, die sich zum Teil auch überschneiden können:

- 1. Sie beginnen bei null und legen Kontakte und Termine völlig neu an.
- 2. Ihnen genügen die jeweiligen Backupmöglichkeiten (in der Cloud oder auf dem Computer) zur Sicherung Ihrer Daten und Sie brauchen keine laufend aktualisierte Synchronisation mit dem Computer.
- 3. Sie möchten Ihre auf der SIM-Karte oder dem Handy gespeicherten Kontakte vom alten aufs neue Gerät übertragen.

- 4. Sie möchten Ihre lokal auf einem Computer gespeicherten Kontakte auf dem Smartphone verwenden.
- 5. Sie möchten eine systemfremdes E-Mail-Konto auf Ihrem Smartphone mitnutzen, wobei der gleichzeitige Abgleich mit dem Computer nicht im Vordergrund steht.
- 6. Sie möchten Ihre online gespeicherten Kontakte und/oder Termine auf das Konto eines anderen Anbieters übertragen, um Sie auf dem Smartphone nutzen zu können.
- 7. Sie möchten Ihre alte E-Mailadresse weiterverwenden.
- 8. Sie möchten all Ihre E-Mails, Kontakte, Termine und Erinnerungen/Aufgaben laufend synchronisieren.

Treffen lediglich die Punkte 1 und 2 zu, dann können Sie auf ► Seite 81 weiterlesen. Andernfalls beginnen wir mit der leichtesten Übung, nämlich dem Import von SIM-Kontakten auf Ihr neues Smartphone.

SIM-Kontakte importieren

Auf einem Handy wird das Adressbuch mit den Kontakten entweder auf der SIM-Karte oder direkt auf dem Gerät gespeichert. Weil viele Nutzer nicht darauf achten, kommt es auch vor, dass sich z.B. als Folge früher stattgefundener Handywechsel die Kontakte teils auf dem Telefon, teils auf der Karte befinden. Vor dem Wechsel auf Ihr neues Smartphone sollten Sie sich daher vergewissen, dass alle Kontakte auf der SIM-Karte gespeichert sind bzw. diese bei Bedarf über das Menü des Handys dorthin verschieben. Sollten Sie unsicher sein, dann nehmen Sie am besten den entsprechenden Service in den Shops der Handybetreiber in Anspruch.

Die Provider bieten einen „Umzugsservice" für Kontakte an

Führen Sie dies doch alleine durch, dann stecken Sie die SIM-Karte ins neue Smartphone und starten dieses. Auf einem iPhone tippen Sie dann auf >>Einstellungen/Mail, Kontakte, Kalender/SIM-Kontakte importieren<<. Unter Android tippen Sie auf >>Kontakte (= Kontakte-App)/(linke Taste)/Optionen/Import/Export/Von SIM-Karte importieren<<. Am Windows Phone schließlich tippen Sie auf die Kachel >>Kontakte<< und danach auf >>... (= Weitere)/Einstellungen/SIM-Kontakte importieren/Importieren<<.

Lokale Daten aufs Smartphone übertragen

Wenn Sie auf dem PC ältere Software, wie etwa den E-Mail-Client Outlook Express 6 unter Windows XP oder das in Vista integrierte Windows Mail verwenden und die Kontakte somit lokal auf der Festplatte gespeichert haben, dann müssen Sie die Export-/Importfunktion verwenden. Das heißt, Sie klicken unter Outlook Express auf >>Datei/Exportieren/Adressbuch<<. Wählen Sie die Option „Textdatei (mit Kommas als Trennzeichen), um eine universell verwendbare CSV-Datei zu erstellen. In Windows Mail klicken Sie auf >>Datei/Exportieren/Windows-Kontakte/CSV<<. Auch der im Office-Paket enthaltene Mail-Client Outlook verfügt natürlich über eine Exportfunktion. Hier müssen Sie >>In Datei exportieren/Kommagetrennte Werte (Windows) auswählen<<.

Die CSV-Dateien können Sie z.B. in das aktuelle Windows Live Mail importieren, um sie danach mit einem Windows Phone abzugleichen (Windows Live Mail ist im kostenlos downloadbaren Windows-Essentials-Paket enthalten). Der Import der Datei in Windows Live Mail erfolgt über >>Kontakte/Importieren/Kommagetrennte Werte<<. Sollten Sie Windows 8 verwenden, dann müssen Sie die Kontakte bei der Ersteinrichtung der Mail-App importieren, denn danach steht diese Funktion nicht mehr zur Verfügung. Alternativ dazu können Sie Windows Live Mail installieren oder Sie erledigen den Import online auf Outlook.com: >>Kontakte/Aus Datei importieren/Microsoft Outlook (mittels CSV)/Datei auswählen/Auswählen/Kontakte importieren<<.

Nach dem Import in Windows Live Mail ist der Abgleich lokal gepspeicherter Daten mit dem Windows Phone möglich

Im Falle von Google melden Sie sich bei Ihrem Gmail-Konto an, klicken auf den kleinen Pfeil neben dem Wort „Gmail" und danach auf >>Kontakte/Mehr/Importieren/Datei auswählen/Auswählen/Importieren<<. Danach erfolgt über die Cloud der Abgleich mit dem Android-Smartphone.

Grundsätzlich kann auch die Kontakte-App des Computer-Betriebssystems Mac OS X CSV-Dateien importieren. Allerdings treten hier fallweise Probleme auf. Sollte der Import nicht klappen, so empfiehlt sich der Umweg über einen Google-Account. Das heißt, Sie importieren die CSV-Datei nach Google, richten auf dem iPhone den Gmail-Account ein (► Seite 73) und synchronisieren dann mit iTunes.

Mehrere Konten zusammenführen und verwalten

Dieser Abschnitt umfasst die oben genannten Punkte 5 bis 8. Es ist nicht in jedem Fall einfach und unproblematisch, bereits vorhandene Daten weiter zu nutzen bzw. auf das neue Smartphone zu übernehmen, speziell wenn dabei die Grenzen des Betriebssystems überschritten werden. Gehen Sie davon aus, dass Sie mitunter Kompromisse eingehen müssen und dass eventuell Teile Ihrer Daten nicht oder nicht korrekt übernommen werden können. Es gibt leider keine uneingeschränkt gültige Patentlösung, sondern jeder Smartphone-User muss den individuell geeignetsten Weg finden.

Wir können hier nicht alle Varianten durchspielen, aber wollen uns zumindest mit den wichtigsten davon befassen. Zusätzliche Informationen finden Sie im Internet, entweder direkt bei den Anbietern oder in zahlreichen Foren. Es gibt praktisch keine Frage zum Thema, die noch nicht gestellt und meist auch beantwortet worden wäre.

Die einfachste Variante

Mit einer E-Mail-Umleitung verpassen Sie keine Nachrichten

Falls Sie bereits ein E-Mail-Konto in Verwendung haben, nun aber komplett auf das neue System (inklusive neuer E-Mailadresse) Ihres Smartphones umsteigen und lediglich vermeiden möchten, E-Mails zu verpassen, die an die alte Adresse gesendet werden, genügt das Einrichten einer permanenten Weiterleitung von Ihrem alten zum neuen Account. Dies können Sie üblicherweise selbst über die Online-Verwaltung Ihres Mail-Accounts durchführen, egal ob es sich um einen Anbieter wie A1, Tele2, einen Kabelanbieter oder um einen Webmail-Account bei Google, GMX, Hotmail/Outlook.com und Co. handelt (zur Info: Das veraltete Hotmail läuft aus und wird sukzessive in Outlook.com übergeführt; die „Übersiedlung" alter Accounts ist online mit ein paar Klicks erledigt).

Sie müssen lediglich beachten, dass z.B. GMX in den Nutzungsbedingungen vorschreibt, dass Sie sich in regelmäßigen Abständen bei Ihrem Webmail-Account einloggen müssen, um das Konto aktiv zu halten. Sollten Sie dort z.B. Kontakte gespeichert haben, dann finden Sie ähnlich wie in den E-Mail-Clients eine Exportmöglichkeit als CSV-Datei.

Die App-Variante

Speziell GMX ist ja hierzulande sehr beliebt, ist aber nicht so einfach zu verwalten wie Googles Gmail oder Hotmail von Microsoft. Als Alternative stellt GMX für iOS und Android eine eigene kostenlose Anwendung bereit, die in den jeweiligen Stores erhältlich ist. Die GMX-App bietet komfortablen Zugriff auf das GMX-E-Mailpostfach sowie auf die GMX-Konktakte und bindet außerdem die bereits auf dem Smartphone befindlichen Kontakte mit ein, ohne sie nach GMX zu importieren.

Die App agiert völlig unabhängig vom Smartphone und die GMX-Kontakte können ihrerseits auch nicht auf direktem Wege in dieses importiert werden. Die GMX-App läuft somit als Parallelsystem und ist möglicherweise dann eine sinnvolle Lösung, wenn Sie zwei unterschiedliche Mailadressen verwenden, die Sie auch im täglichen Gebrauch klar voneinander trennen möchten. Auch andere Webmailanbieter, wie Yahoo! oder WEB.de sind mittlerweile mit eigenen Apps in den Stores vertreten, wobei das Windows Phone derzeit noch ausgeklammert ist. Die aktuelle Outlook.com-Anwendung für Android ist mit der GMX-App vergleichbar. Was die Apps nicht leisten können, ist der Abgleich mit dem Computer. Am einfachsten ist es, wenn Sie dort weiterhin online über den Browser auf Ihre Mails und Kontakte zugreifen und diese nicht lokal auf dem Computer verwalten und speichern.

Eine App-Lösung anderer Art ist Microsofts SkyDrive-App für iPhone und Android-Smartphone. Sie ermöglicht den Zugriff auf den gleichnamigen Online-Speicher von Microsoft sowie – mithilfe von Software für PC und Mac – den plattformüberschreitenden Zugriff auf Dateien, die in der Cloud gespeichert wurden. Unter Office 2013 bzw. 365 ist der SkyDrive ein gleichberechtigter Speicherort neben der lokalen Festplatte, damit man orts- und geräteunabhängig seine Daten abrufen kann. Der SkyDrive ist universeller einsetzbar als etwa Apples iCloud, weil diese nur in Kombination mit ausgewählten Apps auf dem iPhone nutzbar ist. Analog dazu stellt Google seine Google Drive-App auch im iPhone-Store zur Verfügung. Für das Windows Phone gibt es bisher keine originale Google-App. Die privat entwickelte Alternative GDrive WP7 hatte zu Redaktionsschluss erste eine einzige – wenn auch positive – Nutzerbewertung (Näheres zum Thema Apps ► Seite 94).

Die Komfort-Varianten

Die zuverlässigste und praktischste Variante ist, sich innerhalb eines Systems zu bewegen

Die denkbar günstigste und komfortabelste Variante ist es, wenn Sie bereits am Computer Gmail (vormals Google-Mail) oder Hotmail/Outlook.com verwenden oder wenn Sie auf einem Mac unter „Lion" oder „Mountain Lion" arbeiten. Wenn Sie dann auch noch das dazupassende Smartphone-Betriebssystem haben, kann gar nichts schiefgehen. Nach der Ersteinrichtung des Smartphones werden alle online gespeicherten Daten abgerufen.

Die schon erwähnte Cloud, die „Wolke" im Internet, bietet darüber hinaus den großen Vorteil der lückenlosen Synchronisation Ihrer E-Mails, Kontakte, Kalendereinträge und Erinnerungen/Aufgaben auf verschiedensten Geräten, wie Computer, Tablet und Smartphone. Das heißt, die Daten auf allen genannten Geräten sowie im Internet befinden sich zu jeder Zeit auf dem gleichen Stand – jeweils allerdings unter der Voraussetzung, dass eine Internetverbindung besteht, dass Sie sich innerhalb des Systems bewegen und dass Sie die geeignete Software verwenden. Konkret bedeutet dies:

- Auf allen Apple-Produkten sorgt iCloud für einen reibungslosen und vollständigen Datenabgleich. Der Dienst ist automatisch in alle Anwendungen integriert. Verwenden Sie einen PC anstelle eines Macs, dann funktioniert die iCloud auf diesem Gerät für E-Mails, Kontakte, Kalender und Erinnerungen/Aufgaben unter der Voraussetzung, dass Sie Apples iCloud-Systemsteuerung (http://support.apple.com/de_DE/downloads) sowie Microsofts E-Mail-Client Outlook (Bestandteil der Bürosoftware Office) in den Versionen 2007, 2010 oder 2013/365 installiert haben.

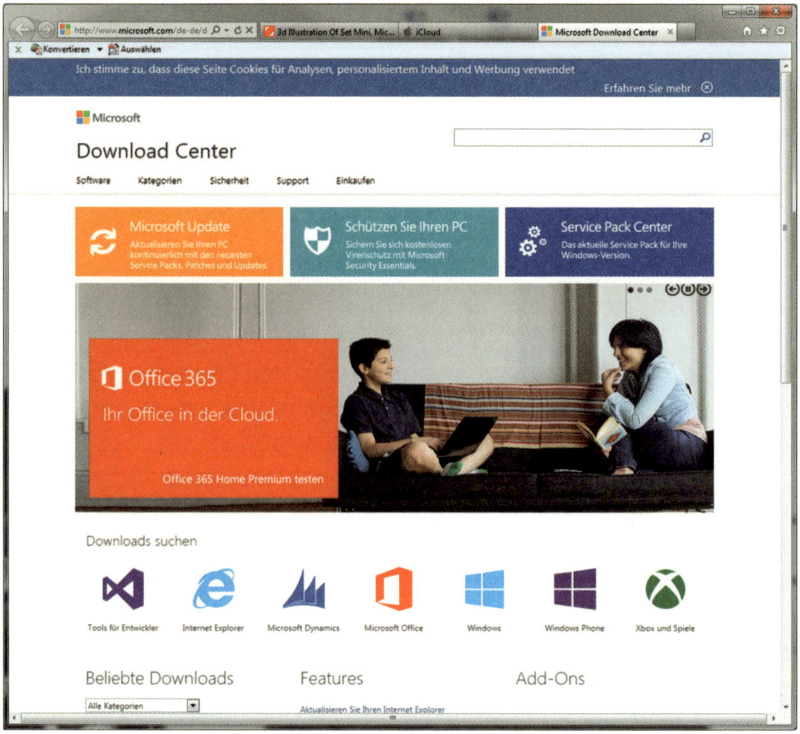

Eine wichtige Adresse für diverse Software: Microsoft Download Center

- Der vollständige Abgleich zwischen Windows Phone 8 und PC ist dann problemlos, wenn Sie das aktuelle Windows Live Mail (enthalten im kostenlosen Windows-Essentials-Downloadpaket: http://windows.microsoft.com/de-AT/windows-live/essentials-home), die in Windows 8 integrierte Mail-App oder Microsoft Office 2013/365 mit Anbindung an den SkyDrive verwenden. Für Outlook 2003, 2007 und 2010 gibt es eine kostenlose Erweiterung namens „Outlook Hotmail Connector“ bzw. wird er gerade auf „Microsoft Office Outlook Connector“ umbenannt (zu beziehen über das Downloadcenter: www.microsoft.com/de-de/download).
- Das Google-Konto und das Android-Smartphone bilden gleichfalls eine Einheit. Betreffend die Synchronisation mit dem PC gibt es Unterschiede zwischen den Betriebssystemen bzw. wiederum

zwischen den Softwareversionen. Überhaupt kein Problem ist z.B. die Einbindung in die Mail-App von Windows 8 auf dem PC. Hier ist Google als eine Konto-Option bereits vorgesehen und die Kontakte und der Kalender können durch einfaches Anhaken in die Synchronisation eingebunden werden. Andernfalls ist eine Alternativlösung nötig (Export/Import).

Gmail und Outlook.com systemübergreifend

Gleichfalls komfortabel funktioniert aber auch die systemübergreifende Synchronisation am iPhone. Im Bemühen, potenziellen Neukunden den Umstieg zu vereinfachen, lassen sich Google und Hotmail/Outlook.com (plus die bei uns weniger verbreiteten Yahoo! und AOL) unkompliziert und weitgehend automatisch einrichten. Sie finden die Möglichkeit der Kontenverwaltung unter >>Einstellungen/Mail, Kontakte, Kalender/ Account hinzufügen<<. Zum Hinzufügen eines Kontos tippen Sie auf den passenden Eintrag. Nun geben Sie Ihren Namen ein (oder eine andere Absenderbezeichnung, unter der Ihre Mails beim Empfänger ankommen sollen), die E-Mailadresse, das Benutzerkennwort und eine für Sie selbst bestimmte Beschreibung, um das Konto von den anderen auf Ihrem iPhone vorhandenen unterscheiden zu können. Am besten nennen Sie es einfach Gmail oder Outlook. Nach der automatischen Einrichtung können Sie dann noch gezielt auswählen, welche Daten konkret synchronisiert werden sollen.

In der iPhone-Verwaltungssoftware iTunes finden Sie alternativ die Option, ausschließlich die Kontakte wahlweise mit einem bestehenden Google- oder Windows-Konto (= Hotmail/Outlook.com) zu synchronisieren. Wenn Ihnen dies genügt, dann ersparen Sie sich das Übertragen Ihrer bereits vorhandenen Kontakte auf ein anderes Konto.

Unter Android gibt es unter den vorinstallierten Anwendungen sowohl eine eigene Gmail-App als auch eine allgemeine Mail-App. Letztere ist die richtige Wahl, wenn Sie z.B. ein bestehendes Hotmail/Outlook.com-Konto oder ein iCloud-Konto von Apple einbinden möchten, allerdings beschränkt auf den Empfang und das Senden von E-Mails. Geben Sie einfach die E-Mailadresse und das Passwort ein, tippen Sie auf >>Weiter<< und wählen Sie dann Ihren Namen oder eine andere

Absenderbezeichnung, unter der Ihre Mails beim Empfänger landen, sowie für Sie persönlich eine Kontobezeichnung, um es von anderen auf Ihrem Smartphone vorhandenen unterscheiden zu können.

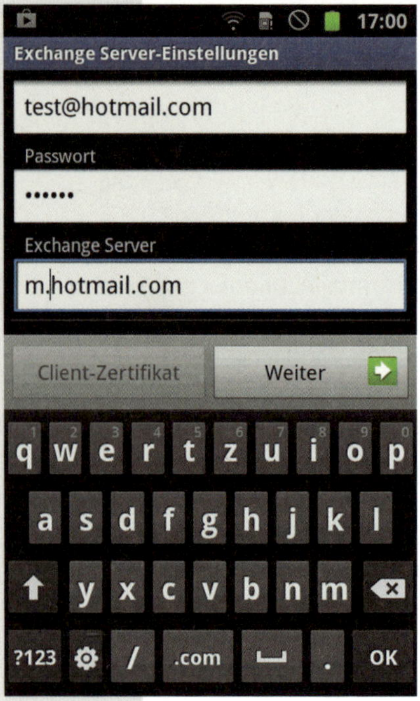

Mit einem kleinen Trick lässt sich aber auch das Hotmail/Outlook.com-Konto komplett mit einem Android-Smartphone synchronisieren. Dazu wählen Sie auf dem Smartphone nicht die Mail-App, sondern >>Einstellungen/Konten und Synchronisierung/Konto hinzufügen/ Microsoft Exchange ActiveSync<<. Geben Sie Ihre E-Mailadresse und das Passwort ein und tippen Sie links unten auf >>Manuell einrichten<<. Unter „Domain: Benutzername" geben Sie nochmals die Mailadresse ein sowie unter „Exchange Server": m.hotmail.com. Danach haben Sie noch diverse Kontooptionen inklusive der Synchronisation von Kontakten und Kalendereinträgen.

Auch auf dem Windows Phone ist als umfangreich nutzbares Fremdkonto vor allem Gmail interessant und eine der standardmäßig angebotenen Möglichkeiten in den >>Einstellungen<< der Mail-App. Nach Eingabe von Mailadresse und Passwort können Sie entscheiden, ob Sie nur die E-Mails oder auch die Kontakte und Kalendereinträge synchronisieren möchten.

Der Kompromiss fürs iCloud-Konto

Die vollständige Synchronisation eines Apple-Kontos funktioniert zwar theoretisch auch unter einem fremden Betriebssystem. Die große Herausforderung ist aber das Einrichten des Accounts, das selbst erfahrenere Benutzer vor Schwierigkeiten stellt. Problemlos durchführbar ist lediglich, die iCloud-Mailadresse als reines E-Mailkonto hinzuzufügen.

Was die Kontakte betrifft, ist es hingegen sinnvoller, diese vollständig auf den Google- oder Outlook.com-Account zu übertragen. Dazu exportieren Sie die Kontakte – je nach verfügbarer Option – aus Outlook oder Apple Mail in Form der bereits bekannten CSV-Datei oder im alternativen Dateiformat vCard (.VCF = elektronische Visitenkarte). Danach importieren Sie diese online in Ihre Google-Kontakte (► auch Seite 68). Alternativ dazu gibt es im Google Play-Store zwei Android-Apps zum Preis von 2,55 bzw. 3,60 Euro zu kaufen, welche die Kontakte und Kalender von Apple einbinden (SmoothSync for Cloud Calendar bzw. SmoothSync for Cloud Contacts).

Apropos Kalender: Nicht nur betreffend Apple, sondern ganz allgemein ist bisher die Frage unbeantwortet geblieben, auf welche Weise man Kalendereinträge – ähnlich wie die Kontakte (► Seite 68) – als Datei von einem System ins andere übertragen kann bzw. welche Alternativen es gibt. So ist es z.B. möglich, Google-Kalender zu abonnieren. Auf ► Seite 77 gehen wir näher darauf ein. Zunächst noch ein paar wichtige Details zur Verwaltung fremder E-Mail-Accounts auf dem Smartphone.

E-Mails mit POP oder IMAP

Um einen E-Mail-Account einzubinden, braucht man zum Teil bestimmte Zusatzinformationen

Die reine Einbindung fremder E-Mail-Accounts, also ohne Berücksichtigung von Kontakten und Kalendereinträgen, ist an sich problemlos durchführbar, sofern Sie wissen, wo Sie welche Zusatzinformationen bekommen. Egal ob am Smartphone oder am Computer richtet sich nämlich nicht jeder Account so selbstständig ein, wie es z.B. bei Gmail der Fall ist. Der E-Mail-Client verlangt mitunter nach einer manuellen Einrichtung. Die notwendigen Daten dazu finden Sie möglicherweise auf der Website des Anbieters oder Sie suchen ganz einfach im Internet nach dem Stichwort „Serverdaten" oder nach „Servereinstellungen". Dort stoßen Sie dann unter anderem auf folgende Angaben :

- **Gmail.** Posteingangsserver: imap.gmail.com (SSL; Port 993), Postausgangsserver: smtp.gmail.com (SSL; Port 465 oder 587).
- **GMX.** Posteingangsserver: pop.gmx.net (SSL; Port 995), imap.gmx.net (SSL; Port 993), Postausgangsserver: mail.gmx.net (SSL; Port 465 oder 587)
- **Hotmail.** Posteingangsserver: pop3.live.com (SSL; Port 995), Postausgangsserver: smtp.live.com (SSL; Port 587)

- **iCloud Mail.** Posteingangsserver: imap.mail.me.com (SSL; Port 993), Postausgangsserver: smtp.mail.me.com (SSL; Port 587).

Bei dieser Liste handelt es sich wieder um ausgewählte Anbieter, aber es wird ersichtlich, dass grundsätzlich ein bestimmtes System dahintersteckt. Zur Erklärung: Der Posteingangsserver ist ein beim E-Mail-Dienstanbieter stationierter Computer, der den eingehenden Mailverkehr an die jeweiligen privaten Postfächer verteilt. Der Postausgangsserver wiederum ist für die Weiterleitung der von den einzelnen Benutzern verschickten E-Mails zuständig. POP3 (Post Office Protocol Version 3) und SMTP (Simple Mail Transfer Protocol) sind die dabei verwendeten Standards zum Empfangen und Senden von E-Mails. Daneben gibt es noch den IMAP-Standard (Internet Message Access Protocol). Der Unterschied in der praktischen Anwendung ist der, dass Sie mit POP3 Ihre E-Mails auf Ihr Smartphone oder Ihren Computer herunterladen, während diese gleichzeitig vom Posteingangsserver des Anbieters entfernt werden. In den Einstellungen Ihres E-Mail-Clients können Sie zwar festlegen, dass eine Kopie der Nachrichten (für einen bestimmten Zeitraum) auf dem Server belassen werden soll, damit Sie diese auch online oder mit einem anderen Gerät abrufen können, es erfolgt aber keine Synchronisation zwischen den verschiedenen Geräten und dem Webmail-Account.

Nur IMAP und die Cloud sorgen für lückenlose Synchronisation

Genau das ist der Vorteil eines Accounts mit IMAP-Unterstützung in seiner heutigen Anwendungsform in Kombination mit der Cloud. Egal von welchem Gerät aus Sie E-Mails abrufen, schreiben, löschen oder in einen anderen Ordner verschieben – Ihr E-Mail-Postfach mit sämtlichen Ordnern ist auf allen Geräten sowie im Internet stets auf dem gleichen Stand.

Im Gegensatz zu Gmail und iCloud Mail hat Hotmail/Outlook.com keine IMAP-Unterstützung. Dank Cloud ist die Synchronisation zwar in vielen Fällen trotzdem möglich, aber nicht lückenlos (z.B. bei Verwendung auf einem Mac mit dem integrierten Apple-Mail). Im Falle von GMX gibt es zwar IMAP als Alternative, aber nur für die kostenpflichtigen Accounts. Hier fehlt zusätzlich die Cloud, weshalb die kostenlosen GMX-Accounts nicht zwischen verschiedenen Geräten synchronisiert werden können. Eine Alternative, um zumindest das Online-Postfach und das Smartphone synchron zu halten, ist die schon erwähnte GMX-App für iOS und Android (► Seite 70).

Wenn Sie ein systemfremdes E-Mailkonto einrichten, müssen Sie jedenfalls zusätzlich zu Ihrem Benutzernamen/Ihrer E-Mailadresse und dem Passwort die oben angeführten Daten für den Posteingangs- und den Postausgangsserver eintragen. Üblicherweise ermöglichen bzw. verlangen die Accounts sogar das Übertragen via SSL (Secure Sockets Layer), einem Protokoll für die sichere Übertragung von Daten. Üblich ist weiters die SMTP-Authentifizierung mittels Kennwort, wobei der Postausgangsserver die gleichen Einstellungen wie der Posteingangsserver verwendet. Die angeführten Ports sind jene „Tore" im Netzwerk, über die die Programme mit dem Internet kommunizieren können. Diese sind einer bestimmten Verwendung zugeteilt, weshalb im Zuge der Einrichtung des E-Mail-Accounts meist von selbst die richtigen Portnummern aufscheinen. Andernfalls müssen Sie diese entsprechend ändern.

Kalenderdaten übertragen bzw. Kalender abonnieren

Wir sprechen auch in diesem Fall von systemübergreifender Nutzung. Wie bei den Kontakten existieren – je nach System – unterschiedliche Kalenderdateiformate, nämlich das universellere iCalendar (.ICS) und vCalendar (.VCS), sowie Möglichkeiten, diese zu exportieren bzw. zu importieren. Dies ist an sich die sinnvollere Lösung, um lokal gespeicherte Kalender z.B. in einen Kalender zu übertragen, der dann mit dem Smartphone synchronisiert werden kann. Sowohl bei Google (>>(Zahnradsymbol)/Einstellungen/Kalender/Kalender importieren<<) als auch bei Hotmail/Outlook.com (>>Abonnieren/Aus einer ICS-Datei importieren<<) muss dies online erfolgen, in Outlook (>>Datei/(Öffnen)/Importieren<<) sowie auf einem Mac (>>Ablage/Importieren<<) können Sie dies über den integrierten Kalender erledigen.

Das Kalenderabonnement ermöglicht auch mehreren Personen den Zugriff

Eine Möglichkeit, einen oder mehrere bestehende Google-Kalender parallel zum Hotmail/Outlook.com-Kalender bzw. zum Apple-Kalender zu verwenden, ist das Abonnement. Diese Variante ist dann interessant, wenn es sich nicht um den persönlichen Kalender handelt, sondern um einen öffentlichen (wie z.B. Schulferien, Feiertage oder einen firmeninternen Kalender bzw. einen von Ihnen selbst freigegebenen, der von mehreren Personen genutzt wird. Um einen Kalender freizugeben, klicken Sie online im Google-Kalender auf den Pfeil neben dem Kalendernamen und wählen die entsprechende Option. Danach geben Sie ihn für bestimmte Personen frei und bestimmen, welche Rechte diese Personen zugestanden bekommen.

Auf dem iPhone und auf dem Mac können Sie das Abonnieren direkt im Kalender erledigen (iPhone: >>Einstellungen/Mail, Kontakte, Kalender/Account hinzufügen/Andere/Kalenderabo hinzufügen<<; Mac: >>Ablage/Neues Kalenderabonnement<<), unter Hotmail/Outlook.com tun Sie dies online unter >>Abonnieren/Öffentlichen Kalender abonnieren<<. Danach müssen Sie die Internetadresse des zu abonnierenden Kalenders eingeben. In Ihrem eigenen Google-Kalender finden Sie diese folgendermaßen: >>(Zahndradsymbol)/Einstellungen/Kalender/(Klick auf den ensprechenden Kalendernamen)<<. Nun klicken Sie auf das grüne Feld „ICAL" oder auf das blaue Feld „HTML", je nachdem ob der Zugriff auf den Kalender über eine Kalender-App oder über den Internetbrowser erfolgen soll. Die aufscheinende Adresse ist jene, über die Sie den Kalender abonnieren können.

In Outlook können Sie die Anzeige der Feiertage nachträglich aktivieren

Nur als Zusatzinformation: In Outlook sind die Feiertage integriert, aber nicht von vornherein aktiviert. Je nach Version klicken Sie auf >>Datei/Optionen/Kalender<< bzw. >>Extras/Optionen/Kalenderoptionen<< und danach auf >>Feiertage hinzufügen<<. Dort wählen Sie das gewünschte Land. Im Google-Kalender wiederum klicken Sie online auf das kleine Dreieck neben dem Eintrag >>Weitere Kalender<< und danach auf >>In interessanten Kalendern suchen<<. Dort finden Sie u.a. die österreichischen Feiertage.

Allerdings laufen die in Outlook integrierten Feiertagskalender nach einigen Jahren ab, d.h. sie werden nicht mehr aktualisiert. Dann müssen Sie – wie in anderen Kalendern auch – eine externe Datei importieren. Dasselbe gilt für die Schulferien, die in Outlook nicht enthalten sind. Kostenlos downloadbare Kalender finden Sie z.B. auf http://www.derkalender.at/icalendar (Feiertage und Schulferien kombiniert), http://www.sunbird-kalender.de/extension/kalender (Feiertage), http://www.apfelkern.info/index.php/tag/ical (Schulferien bzw. Feiertage), http://www.feiertage-oesterreich.at/kalender-download (Feiertage). Bei diesen Angeboten handelt es sich vorwiegend um private Initiativen.

Wechsel des Betriebssystems

An sich beschäftigt sich dieses Buch mit dem erstmaligen Kauf eines Smartphones und der Übernahme vorhandener Daten von einem herkömmlichen Handy bzw. vom Computer. Trotzdem werfen wir einen kurzen Blick auf ein anderes Szenario, nämlich den Wechsel von einem Smartphone auf ein neues mit anderem Betriebssystem. Samsung bietet für diesen Zweck sogar eine eigene, im Google Play-Store erhältliche Android-App namens „Easy Phone Sync", die den Umstieg vom iPhone auf ein Galaxy-Modell erleichtert. Im Fall von Windows findet man gleichfalls eine App namens „Daten übertragen". Ansonsten haben wir die wichtigsten Punkte dazu bereits besprochen: Die Nutzung eines Google-Accounts erleichtert das systemübergreifende Migrieren von Daten bzw.

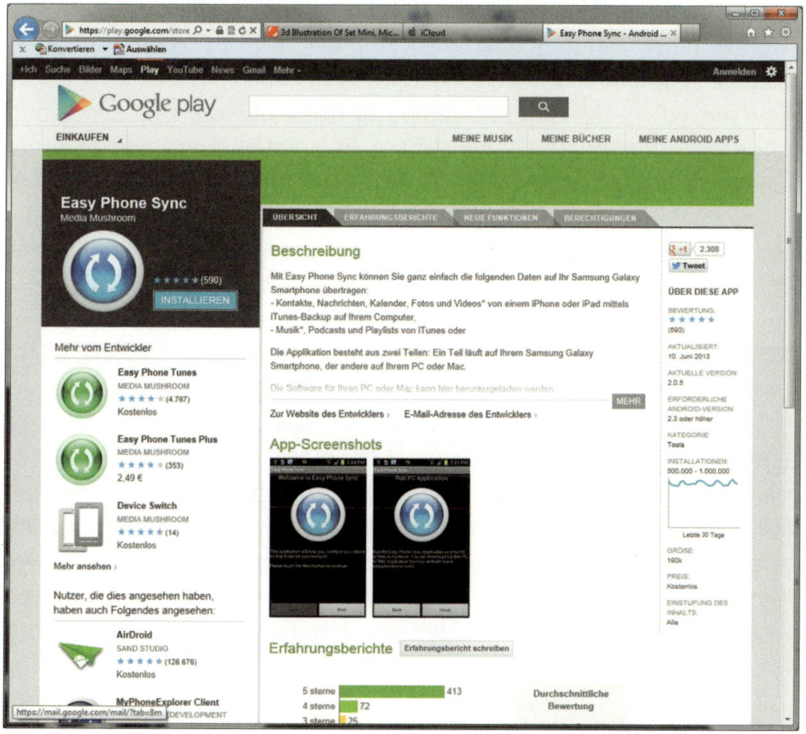

Die App Easy Phone Sync erleichert den Umstieg vom iPhone auf ein Galaxy-Modell von Samsung

bei lokal auf dem Computer gespeicherten Daten ist es die Import- und Exportfunktionen der einzelnen Programme bzw. Webmaildienste. Dies gilt zumindest für die Kontakte und die Kalendereinträge. Diverse Dateien können Sie z.B. mithilfe des Computers problemlos von einer Cloud zur anderen verschieben, sodass Sie mit dem neuen Smartphone Zugriff darauf haben. Oder Sie entscheiden sich für eine systemübergreifende Lösung, wie die schon erwähnte SkyDrive-App (► Seite 70).

Musik verschieben

Schwieriger wird es, wenn Sie z.B. Ihre Musik auf dem Computer mit iTunes verwalten und dann unter einem anderen Smartphone-Betriebssystem als Apples iOS verwenden möchten. Das kann natürlich auch der Fall sein, wenn Sie erstmals zu einem Smartphone greifen.

Eine Möglichkeit zum Abgleich der Musikbibliothek zwischen iTunes und Android-Smartphones ist die (bisher kostenlos nutzbare) Software „Double Twist" (www.doubletwist.com), die für den Computer und das Android-Smartphone erhältlich ist. Für das Windows Phone 8 ist es die Windows Phone-Desktopanwendung (► Seite 86), die eine Synchronisation mit iTunes erlaubt. Davon abgesehen gibt es direkt am Computer für das tatsächliche Übersiedeln der Musikdateien von iTunes in den Windows Media Player keine so einfache Möglichkeit. Das Problem dabei ist weniger, die Musikdateien zu überspielen (diese müssen lediglich aus den Unterordnern „iTunes Media/Music" in den Standard-Musikordner von Windows verschoben werden, damit der Media Player sie automatisch findet), sondern die persönlichen Wiedergabelisten beizubehalten. Ansonsten müssen Sie nämlich wieder von vorne beginnen.

Das Problem beim „Übersiedeln" von Musik ist der Erhalt der persönlichen Wiedergabelisten

Leider ist gerade der Weg von iTunes zum Windows Media Player schwierig. Sie benötigen dazu das kostenlose, englischsprachige Programm „iTunes Export UI" (Download z.B. unter www.computerbild.de/download/iTunes-Export-3136378.html). Nach dem Herunterladen müssen Sie die ZIP-Datei entpacken und können sofort damit arbeiten. Standardmäßig werden alle Wiedergabelisten („All Playlists") exportiert. Unter „Output Directory" wählen Sie den Zielordner für den Export. Das ist üblicherweise der Unterordner „Wiedergabelisten" im Ordner „Musik". Danach müssen Sie noch das Format der Wiedergabeliste

„Playlist Type" auf „WPL" ändern und auf >>Finish<< klicken. Öffnen Sie nun den Speicherort >>Musik/Wiedergabelisten<<, klicken Sie mit der rechten Maustaste auf eine Wiedergabeliste und wählen Sie unter >>Öffnen mit ... << den Windows Media Player und speichern Sie die Wiedergabeliste nochmals. Dies wiederholen Sie auch mit den übrigen Wiedergablisten.

Der Umstieg vom Windows Media Player auf iTunes gelingt ohne Zusatzsoftware

Der umgekehrte Weg, vom Windows Media Player nach iTunes, ist gleichfalls etwas umständlich, aber ohne Hilfsmittel bewältigbar. Dazu gehen Sie im Media Player in der linken Spalte zu den Wiedergabelisten und markieren eine davon, sodass sie in der rechten Spalte angezeigt wird. Jetzt gehen Sie rechts oben zu >>Listenoptionen/Liste speichern unter<<, wählen den Speicherort und ändern den Dateityp auf „M3U-Wiedergabeliste". Diese können Sie in iTunes via >>Datei/Mediathek/Wiedergabeliste importieren<< einfügen.

In der Standardeinstellung von iTunes werden die Musikdateien nicht verschoben. Sinnvoller für ein weiteres Arbeiten mit iTunes ist es, zuvor unter >>Bearbeiten/Einstellungen/Erweitert<< die Optionen „iTunes-Medienordner automatisch verwalten" und „Beim Hinzufügen zur Mediathek Dateien in den iTunes-Medienordner kopieren" zu aktivieren. In diesem Fall können Sie nach dem Import der Wiedergabeliste die Musikdateien im Musik-Ordner von Windows löschen. Sie befinden sich nun auch in den Unterordnern „iTunes-Media/Music", zu finden im Ordner „iTunes".

Smartphones via Computer verwalten und sichern

Die Auslagerung persönlicher Daten in eine Cloud ist praktisch, aber nicht immer jene Lösung, die die Benutzer bei freier Wahlmöglichkeit bevorzugen würden. Trotzdem setzen die Anbieter großteils auf das Internet und die Verbindung mit dem Computer über Datenkabel oder WLAN ist keine Grundvoraussetzung mehr. Wobei man zwischen der Verwaltung bzw. dem Abgleich der auf dem Smartphone gespeicherten Dateien (z.B. Musik, Fotos, Videos, Kontakte) und der Sicherung (Backup) des Smartphones (inklusive der Apps und der persönlichen Einstellungen) für den Fall einer notwendigen Wiederherstellung unterscheiden muss.

iPhone/iOS

Bei Apple ergänzen sich das iPhone und die kostenlose Multimedia- und Verwaltungssoftware iTunes (www.apple.com/at/itunes) perfekt. Es ist – wie man so schön sagt – alles aus einem Guss. Allerdings gibt es

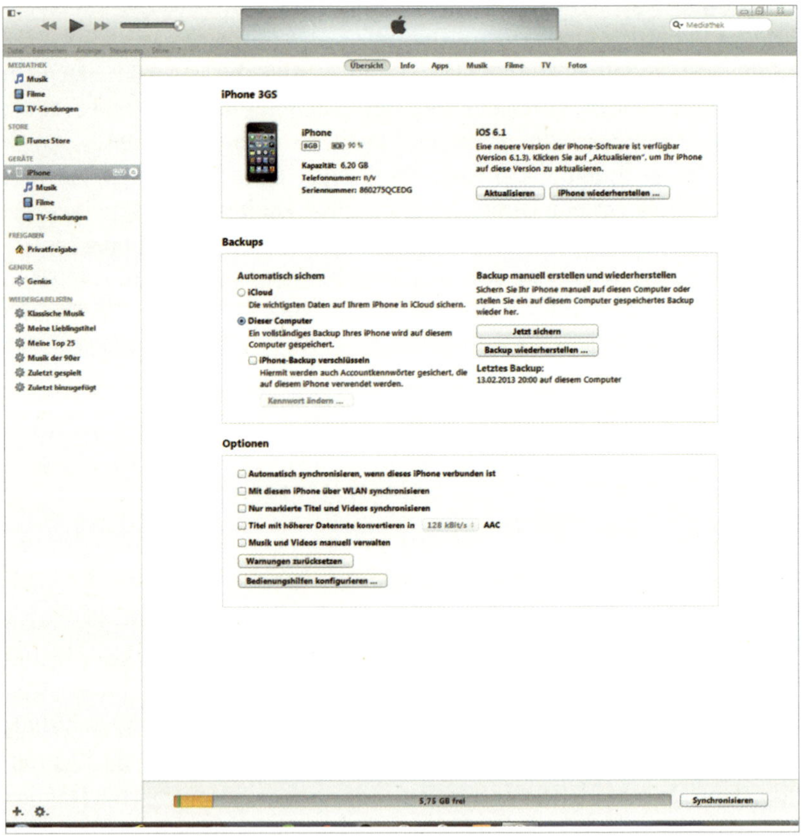

iTunes ist die zentrale Wiedergabe- und Verwaltungssoftware von Apple

eine Reihe von Nutzern, die iTunes als umständlich und unübersichtlich empfinden. Dies ist immer eine subjektive Einschätzung und eine Frage der Gewohnheit.

Das lokale Synchronisieren von Musik, Videos, Kontakten (mit Outlook), Kalendern (mit Google, Outlook oder den Windows-Kontakten), Notizen (Outlook), Lesezeichen (Internet Explorer) und persönlichen E-Mail-Einstellungen (Outlook – nicht die E-Mails selbst!) zwischen iPhone und Computer ist jedenfalls nicht das eigentlich Besondere an iTunes. Diese Software bietet von Haus aus die Möglichkeit eines umfassenden lokalen Backups, aus dem heraus eine komplette Wiederherstellung des Gerätes erfolgen kann, auch wenn es sich um ein anderes iPhone als das ursprüngliche handelt. Zusätzlich können Sie via iTunes die neueste Version des Betriebssystems laden und auf das Gerät aufspielen (dort ansonsten unter >>Einstellungen/Allgemein/Softwareaktualisierung<< zu finden) sowie die Apps übersichtlich verwalten und gleichfalls aktualisieren. Zugleich ist in iTunes der Store mit eingebunden, wo Sie Podcasts abonnieren, sowie Musik, Apps, und Filme kaufen bzw. letztere auch mieten können.

Die Besonderheit an iTunes ist die umfassende lokale Backup-Option

Die in iTunes vorhandenen Synchronisationsmöglichkeiten sind an sich selbsterklärend und werden durch Setzen oder Entfernen von Haken gesteuert. Mit einer Option müssen Sie allerdings vorsichtig umgehen, und zwar unter >>Info<< und dem Punkt „Erweitert". Wenn Sie hier eine oder mehrere Möglichkeiten anhaken, werden allfällige bereits auf dem iPhone vorhandene Daten nicht wie üblich mit jenen auf dem Computer zusammengeführt, sondern gelöscht und ersetzt.

Android-Smartphones

Bei Android kocht jeder Smartphonehersteller sein eigenes Süppchen. Meist wird eine kostenlose, spezifische Synchronisations- und Backupsoftware mitgeliefert bzw. online angeboten, die allerdings oft mehr schlecht als recht funktioniert. Weit verbreitet ist z.B. die Software Kies (www.samsung.com/at/support/usefulsoftware/KIES/JSP), die aber nur für Geräte der Galaxy-Reihe von Samsung sowie eine Handvoll weiterer Modelle des Marktführers geeignet ist. Die Kies betreffenden Kritiken von

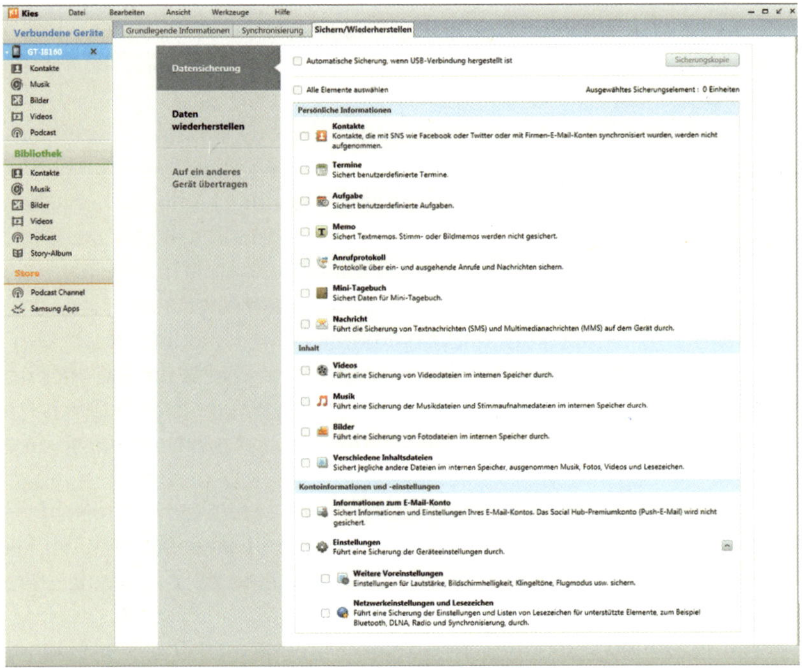

Die Meinungen zu Samsungs Verwaltungssoftware Kies sind geteilt

Nutzern sind zum Teil niederschmetternd. Fehler bei der Verbindungsherstellung zum Smartphone, Programmabstürze und geringe Geschwindigkeit sind nur einige der gemeldeten Probleme. Es gibt aber auch positive Rückmeldungen, nicht zuletzt im Zusammenhang mit der Synchronisation der Top-Modelle von Samsung. Das Ausprobieren, aber auch das Vergleichen mit Alternativen, ist anzuraten.

Grundsätzlich können Sie mit Kies bzw. drahtlos mit Kies air Ihre Kontakte (mit Google, Outlook, Windows-Kontakte oder Yahoo!), Ihre Termine, Aufgaben und Erinnerungen (alle mit Outlook), Musik, Fotos, Videos und Podcasts lokal synchronisieren. Weiters gibt es eine Sicherungs- und Wiederherstellungsfunktion und Sie können – beim Vorliegen einer neuen Version des Betriebssystems – ein Update für Ihr Smartphone machen. Anders als beim iPhone-Backup müssen Sie hier selbst auswählen, welche Dateien und Einstellungen Sie sichern möchten – im Zweifelsfall alle. Nicht gesichert werden in Kies allerdings die Apps.

Heikles Backup auf der SD-Karte

MyPhoneExplorer aber auch andere Apps bieten die Möglichkeit eines Backups auf der externen Speicherkarte des Smartphones (SD-Karte). In Anbetracht dessen, dass Smartphones leicht verloren gehen oder gestohlen werden können, sind die Cloud oder das Backup auf der Computerfestplatte allerdings vorzuziehen.

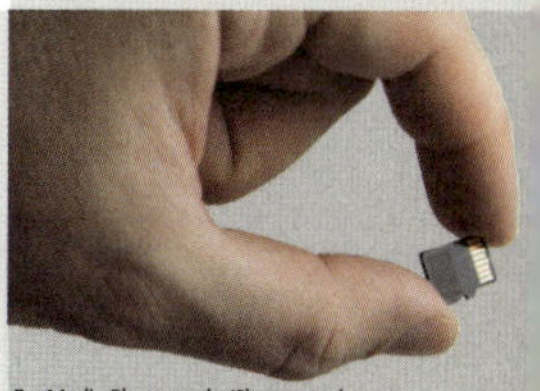

ExaMedia Photography/Shutterstock.com

Weiters bieten die kostenpflichtigen Virenscanner (► Seite 64) für Android oft eine Backupfunktion. Es gibt allerdings eine empfehlenswertere Alternative dazu sowie zu Kies und den übrigen herstellereigenen Programmen: eine Software namens „MyPhoneExplorer" (www.fjsoft.at/de/downloads.php) in Kombination mit der gleichnamigen Smartphone-App aus dem Google Play-Store. Via WLAN, Bluetooth oder USB-Datenkabel stellen Sie nach dem Start von Computerprogramm und App eine Verbindung zwischen MyPhoneExplorer und Smartphone her. Anders als die meisten Backup-Programme für Android setzt MyPhoneExplorer keinen Root voraus. Lediglich beim Anschluss via Datenkabel müssen Sie – bevor Sie das Gerät anstecken – unter >>Einstellungen/Anwendungen/Entwicklung<< vor der Option „USB-Debugging" einen Haken setzen und die durchgeführte Änderung bestätigen. Debugging ist eine Einstellung, die an sich für Entwickler gedacht ist, die aber keine negativen Auswirkungen hat, wenn Sie sie während des Zeitraums der Synchronisation mit MyPhoneExplorer aktiviert lassen.

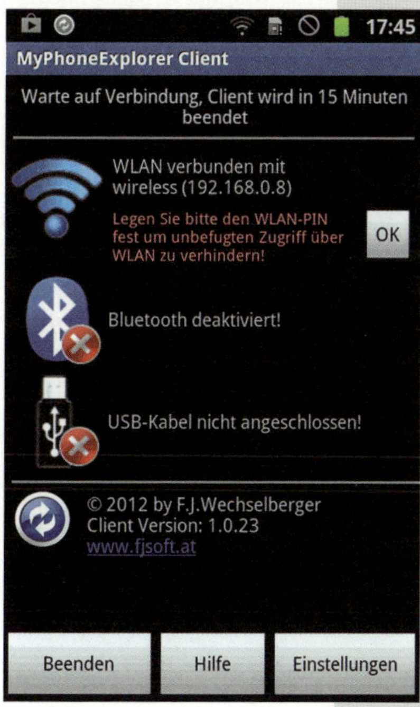

Bevor sie den Abgleich zwischen Smartphone und Computer starten, müssen Sie in der Menüleiste unter >>Datei/Einstellungen<< ein paar Festlegungen treffen, vor allem unter >>Verbindung<< die Art der Verbindung und unter >>Synchronisierung<< die gewünschten Kontakte-,

Kalender- und Notizverzeichnisse. Bei den Kontakten sind es z.B. die Windows-Kontakte, Google und Outlook, wobei Letzeres erst erst ab der Version 2010 unterstützt wird. Unter >>Oberfläche<< finden Sie übrigens die Möglichkeit, die österreichischen Feiertage einzublenden. In der Menüleiste unter >>Extras/Sicherung erstellen<< speichern Sie eine Sicherungsdatei, die z.B. SMS, Kontakte und Anruflisten enthält, aber kein vollständiges Backup darstellt. So fehlen beispielsweise die Apps. Das mehr oder weniger gravierende Problem bei dieser und ähnlichen unvollständigen Sicherungen ist, dass z.B. bei Spiele-Apps die Spielstände verloren gehen und man wieder von vorne beginnen muss.

„Carbon" ist eine App für ein vollständiges lokales Android-Backup ohne Root

Die bei Redaktionsschluss aktuellste Alternative zum MyPhoneExplorer war die App „Carbon – App Sync and Backup" aus dem Google Play-Store, die in einer (werbefinanzierten) kostenlosen Version sowie in einer Kaufversion (3,71 Euro) mit Zusatzfunktionen existierte. Diese App ist als Erste in der Lage, ein komplettes Backup inklusive Apps auch ohne Root durchzuführen, allerdings benötigt man dann zwingend einen PC. Die ersten Nutzerkommentare waren großteils positiv, es wurden aber noch gewisse Anlaufschwierigkeiten gemeldet.

Rein der Verwaltung Ihres Android-Smartphones dient hingegen die App „AirDroid". Das Besondere daran ist, dass sie zwischen Smartphone und Computer eine kabellose Verbindung herstellt, wobei es genügt, auf dem Computer einen gängigen Internetbrowser (Internet Explorer, Firefox, Chrome, Safari) zu verwenden und dort die Seite http://web.airdroid.com aufzurufen. Dann können Sie Daten einfach und übersichtlich verschieben. Die App wird von den Nutzern begeistert aufgenommen, sollte es Probleme bei der Datenübertragung geben, dann empfiehlt es sich, einen anderen Browser zu verwenden.

Windows Phone 8

Für das Windows Phone 8 gibt es mit der Windows Phone-Desktopanwendung (www.windowsphone.com/de-AT/how-to/wp8/windows-phone-app-for-desktop) bzw. der in Windows 8 bereits integrierten Windows Phone-App nur eine Verwaltungssoftware für den Computer (Mac-Version verfügbar). Musik, Fotos, Videos, Podcasts und Klingeltöne können damit synchronisiert werden. Den Rest erledigen, wie bereits beschrieben, das Microsoft-Konto und der SkyDrive. Ein echtes Backup ist beim Windows Phone bisher ausschließlich über die Cloud-Lösung möglich, lokale Sicherung kann keine durchgeführt werden.

Praktisches Zubehör

Auch das gehört zur Smartphone-Nutzung: Zubehör, welches das Gerät vor Beschädigungen schützt und/oder sich im täglichen Gebrauch als nützlich erweist. Originalzubehör ist meist entsprechend teurer und Nachbauten von Drittanbietern können eine gute Alternative sein. Andererseits sollten Sie sich von Billigprodukten nicht zu viel erwarten. Aufgrund der Vielfalt und des wechselnden Sortiments beschränken wir uns auf die Aufzählung jener Produktkategorien, denen Sie im Handel und online am häufigsten begegnen.

Schutzhüllen und Schutzcover

Beliebt und sinnvoll sind (maßgeschneiderte) Schutzhüllen aller Art, von den Handysocken über Stoff- und Kunststoffhüllen bis zu edlen Lederausführungen, die in der Regel als Taschen oder als Etuis mit Klappdeckel gestaltet sind. Auf der anderen Seite gibt es Schutzcover aus hartem (Schalen) oder weichem Kunststoff, welche die Rückseite und die Seitenflächen des Gerätes umschließen, das Display aber freilassen. Die an den Rändern dick gummierte Ausführung davon, die besonders gegen Stöße

schützt, wird unter der Bezeichnung „Bumper" (= Stoßleiste) angeboten, es gibt sie aber auch in chromglänzendem Metall.

Um Kratzer und Verschmutzungen an der Displayoberfläche zu vermeiden, kann man zu selbsthaftenden Schutzfolien greifen, die relativ preisgünstig für viele gängige Smartphone-Modelle angeboten werden. Auch hier sollten Sie nicht die billigste Ausführung wählen, denn die Folien sollten exakt passen, ohne Lufteinschlüsse plan anliegen und im Optimalfall nahezu unsichtbar sein.

Lade- und Dockingstationen

Smartphones werden üblicherweise mittels Datenkabel, das zugleich Ladekabel ist, an eine USB-Buchse des Computers oder an einen USB-Adapterstecker angesteckt. Alternativ dazu gibt es Lade- und Dockingstationen in Form von Tischständern. Eine ganz spezielle Form von Dockingstationen sind jene meist kompakten Musikanlagen, über die man die auf dem Smartphone gespeicherte Musik in ansprechender Qualität wiedergeben kann. Diese sind vor allem für das iPhone sehr beliebt.

Artur Synenko/Shutterstock.com

Halterungen für unterwegs

Ob fürs Auto, fürs Fahrrad oder (z.B. in Gurtform zur Befestigung am Oberarm) fürs Joggen – für jede Gelegenheit finden sich die geeigneten Halterungen, in denen das Smartphone sicher platziert wird. Speziell bei den Autolösungen müssen Sie bei

Lynne Carpenter/Shutterstock.com

der Wahl der Halterung nicht nur die Gerätegröße berücksichtigen, sondern gut überlegen, wie und wo Sie jene unterbringen können, weil das sehr stark von der Innenraumgestaltung des Fahrzeugs abhängt. Gängig sind Halterungen mit Saugnapf, es gibt aber auch solche, die man in die Lüftungsschlitze stecken kann oder mittels starkem doppelseitigen Klebeband am Armaturenbrett befestigt. Bei vielen Produkten werden zumindest zwei dieser Lösungen parallel angeboten. Beachten Sie auch, dass es starre Halterungen gibt sowie solche mit Drehgelenk oder flexiblem Schwanenhals. Die letzteren beiden bieten nicht nur mehr Flexibiliät, sondern sind für die Nutzung des Smartphones zur Navigation empfehlenswert. Einige Halterungen haben eine Lademöglichkeit integriert.

Unterwegs laden

Am einfachsten ist das Laden im Auto, denn eine 12-Volt-Steckdose ist Standard. Ein einfacher Adapterstecker bzw. eine Verteilerdose mit USB-Anschluss genügen. Da die Akkus vieler Smartphones nicht getauscht werden können, gibt es Zweitakkus nun in Form von externen Pufferbatterien/Akkupacks, die man daheim auflädt und die das Gerät bei Bedarf mit frischer Energie versorgen. Mit Vorsicht zu genießen sind hingegen mobile Solarlösungen aller Art, weil diese aufgrund ihrer geringen Fläche in der Regel nicht ausreichen, um für mehr als ein paar zusätzliche Minuten Strom zu erzeugen.

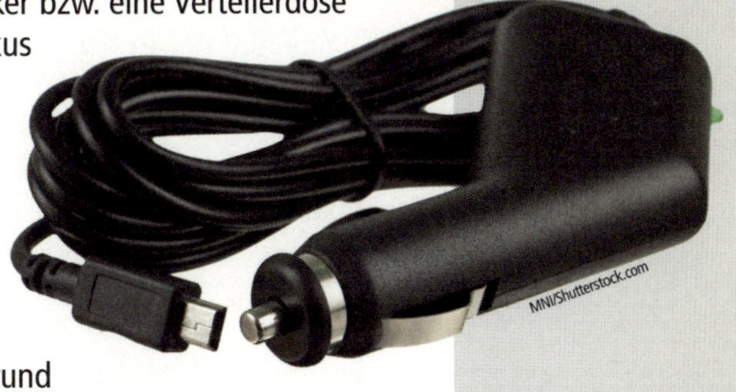
MNI/Shutterstock.com

Bluetooth-Freisprecheinrichtungen

Im Auto ebenso wie auf dem Fahrrad müssen die Hände am Lenkrad bzw. Lenker bleiben. In der Regel ist über die mitgelieferten kabelgebundenen Headsets das Telefonieren möglich. Die praktischere Lösung sind freilich kabellose Bluetooth-Headsets fürs Ohr bzw. Bluetooth-Freisprecheinrichtungen für die Sonnenblende. Diese halten auch bei häufiger Nutzung lange ohne Nachladen durch. Die einzige Unsicherheit ist die Kompatibilität zwischen Smartphone und Freisprecheinrichtung. Das gegenseitige Erkennen der Geräte ist weniger das Problem, doch dies bedeutet nicht automatisch, dass sie auch korrekt miteinander kommunizieren. Üblicherweise kann man ja die Grundfunktionen des Smartphones, wie das Entgegennehmen und Beenden von Anrufen oder die Wiederwahl der letzten Rufnummer, über die Freisprecheinrichtung steuern. Schwierigkeiten treten nicht zuletzt bei Modellwechseln auf. Oft lässt es sich nicht vermeiden, zusammen mit einem neuen Smartphone auch eine neue Freisprecheinrichtung zu kaufen.

Kopfhörer und Lautsprecher

Die Tonqualität der in die Smartphones integrierten Musik-Player wird sehr stark von den (meist) mitgelieferten Kopfhörern beeinflusst, die ja in der Regel nichts anderes sind als der bekannte „Knopf im Ohr". Diese kabelgebundenen Headsets sind, wie schon erwähnt, auch zum Telefonieren geeignet. Legen Sie Wert auf eine bessere Tonqualität, dann müssen Sie entsprechend hochwertige Kopfhörer kaufen.

Eine Alternative zu den Musik-Dockingstationen wiederum sind externe Lautsprecher, die entweder via Kabel oder über Bluetooth mit dem Smartphone verbunden werden. Auch hier gibt es immense Qualitätsunterschiede hinsichtlich des Klangs. An eine Musikanlage kommen die kompakten Ausführungen natürlich nicht heran.

Bedienungshilfen

Anders als bei den resistiven Touchscreens, die auf Druck reagieren, muss bei der Bedienung kapazitiver Touchscreens Strom fließen können. Dies ist der Grund, weshalb man die meisten Smartphones nicht mit Handschuhen bedienen kann und auch nicht jeden beliebigen Stift (Stylus) dafür verwenden kann. Sowohl die Handschuhe als auch die Stifte müssen dafür geeignet sein. Eine Ausnahme stellt das neue Samsung Galaxy S4 dar. Bei diesem Gerät kann man die Empfindlichkeit des Touchscreens so hoch einstellen, dass er sogar bei Berührung mit Handschuhen reagiert.

Apps nutzen

Digital Storm/Shutterstock.com

– Apps kaufen und verwalten
– Praktische Anwendungen für den Alltag
– Navigieren, fotografieren, drucken

Allgemeines zum Thema Apps

Die Bezeichnung App gibt es in der Fachsprache an sich seit Jahrzehnten, hergeleitet vom englischen Begriff „application" oder „application software". Im Deutschen verwenden wir dafür Applikation, Anwendung, Anwendungssoftware oder Anwendungsprogramm. Gemeint sind die ganz alltäglichen Programme, die wir zur Arbeit oder zur Unterhaltung benutzen, sei es am Computer, am Tablet/iPad oder am Smartphone. Mit dem Erfolg von Apples iPhone etablierte sich der Begriff im allgemeinen Sprachgebrauch.

Angeboten werden Apps via Internet, im Falle von Apple im sogenannten App Store, integriert in den „iTunes Store" und nicht zu verwechseln mit dem parallel dazu existierenden „Mac App Store" für Computeranwendungen. Konkurrent Google schuf jedenfalls als Antwort auf Apples App Store die Plattform Google Play. Auch dort sind kostenlose und kostenpflichtige Apps erhältlich, in diesem Fall ausschließlich für Smartphones mit dem Betriebssystem Android, so wie der Windows Phone Store Anwendungen nur für diese Geräte enthält.

Mit der Wahl eines bestimmten Betriebssystems sind Sie in der Regel also auf das Angebot des jeweiligen Stores angewiesen. Die Hersteller

In iTunes integriert: Der App Store von Apple

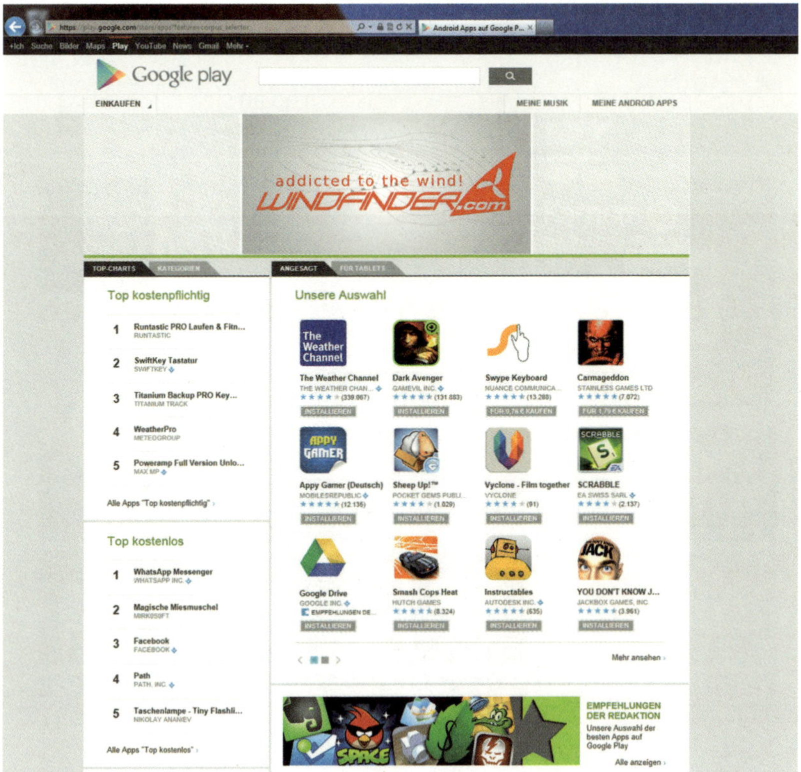

Google Play

Sicher ist sicher

Für Apps, die in den Apple Store, den Windows Phone Store (oder den Amazon App-Shop) aufgenommen werden möchten, gibt es Zulassungsverfahren. Diese garantieren den Nutzern eine gewisse Sicherheit, sind aber keinesfalls Freibriefe für die Verwendung jeder dort erhältlichen App. Google hingegen lässt die neu in Google Play gestellten Apps automatisch nach Schadsoftware scannen. Hier wie dort gilt, dass Sie keinesfalls voreilig Apps herunterladen sollten, die noch keine oder sehr wenige Bewertungen oder Downloadzahlen haben und auch darauf achten sollten, welche Zugriffsberechtigungen die jeweilige App einfordert.

Dr. Cloud/Shutterstock.com

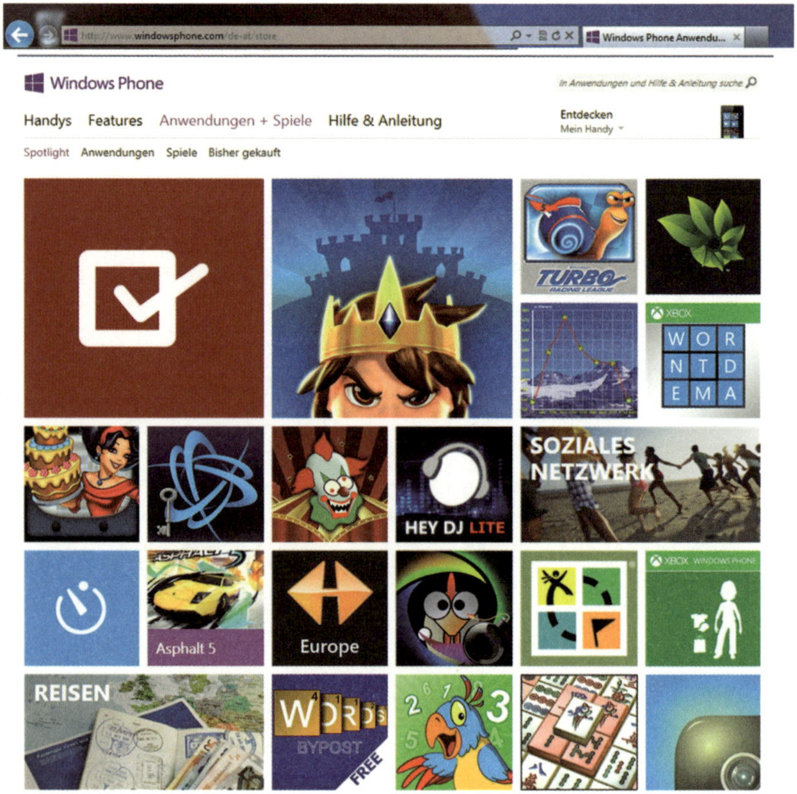

Windows Phone Store

haben bisher kein Interesse daran, Apps plattformübergreifend zu unterstützen. Deshalb müssen die (oft privaten) Programmierer ihre Apps gezielt auf die einzelnen Betriebssysteme abstimmen. So kann der Fall eintreten, dass eine App auf einem Betriebssystem besser funktioniert als auf einem anderen oder gleich gar nicht für jedes Betriebssystem verfügbar ist.

Eine Alternative beim App-Angebot wird es bis auf weiteres wohl lediglich im Falle von Android geben, nämlich in Form des App-Shops für Android. Dieser gehört dem Online-Händler Amazon, war jedoch zu Redaktionsschluss noch nicht in Österreich verfügbar. Trotzdem wird er hier berücksichtigt, einerseits für deutsche Leser, andererseits weil man davon ausgehen kann, dass er eines Tages in vergleichbarer Form auch in Österreich zugänglich sein wird.

Aufgrund des offenen Betriebssystems ist es ja unter Android möglich, Apps aus anderen Quellen zu installieren. Daneben haben oft auch die Smartphone-Hersteller eigene Stores, in denen sie eine Handvoll Apps anbieten, die aber meist keine große Bedeutung haben. Diverse Apps sind beim Kauf eines Smartphones bereits vorinstalliert. Diese können vom Benutzer in der Regel nicht entfernt, sondern maximal deaktiviert oder zumindest vom Startbildschirm wegbewegt werden.

Apples App Store und Google Play dominierten im ersten Halbjahr 2013 weiterhin den Markt mit rund 800.000 bzw. 700.000 Apps. Der Windows Phone Store lag mit ca. 150.000 Apps deutlich dahinter. Die vergleichsweise geringe Anzahl an Apps wird oft als Argument gegen den Kauf eine Windows Phones ins Treffen geführt. Es stimmt, dass manche nützlichen Anwendungen fehlen. Allerdings sind bereits zahlreiche interessante Apps vorhanden bzw. bedeutet die große Auswahl bei der Konkurrenz ja nicht automatisch, dass dadurch die Qualität und Vielfalt der Apps im gleichen Ausmaß steigt.

Apps finden, kaufen und herunterladen

Das Benutzerkonto, das Sie im Zuge der Aktivierung Ihres Smartphones angelegt haben, ermöglicht Ihnen auch den Zugriff auf den jeweiligen Store. Dort sind die verfügbaren Apps nach verschiedenen Kriterien geordnet. So finden Sie z.B. die neuesten, die am häufigsten heruntergeladenen oder gekauften, die am besten bewerteten, die vom Store-Betreiber empfohlenen sowie eine Einteilung nach verschiedenen Kategorien, von Spielen über Lifestyle, Reisen, Navigation, Fotos, soziale Netzwerke, Nachrichten, Shopping, Wetter, Bildung, Sport, Bücher bis zu Musik und Videos. Diese Einteilung dient zur Orientierung bei der Suche nach Apps. Weiters steht ein Suchfeld zur Verfügung, in das Sie Stichwörter bzw. Ihnen bekannte Namen von Apps eingeben können.

Das Benutzerkonto öffnet auch die Tore der App-Stores

Wenn Sie im Internet nach „die besten Apps fürs iPhone", „empfehlenswerte Android-Apps" oder Ähnlichem suchen, finden Sie eine

Vielzahl von Rankings und Empfehlungen, oft von den Redaktionen von Computerzeitschriften zusammengestellt. Solche Listen können besonders für Anfänger sehr hilfreich sein.

Kostenlose Apps dienen zum Teil als Testversionen, zum Teil sind sie aber mit ihren Basisfunktionen bereits ausreichend

In jedem Store gibt es jedenfalls eine Reihe von kostenlosen Apps, die entweder voll funktionsfähig sind oder von denen es neben der „Light"-Version eine kostenpflichtige Vollversion gibt, die entsprechend mehr zu bieten hat. Oft dient die Light-Version nur zu Testzwecken, manchmal genügt sie aber auch für herkömmliche Ansprüche. Achten Sie außerdem darauf, ob für die volle Funktionsfähigkeit einer App so genannte In-App-Käufe erforderlich oder nur optional sind. Dies bedeutet, dass bestimmte Zusatzfunktionen durch nachträgliche Käufe in eine App integriert werden können.

Der Zugang zu den einzelnen Stores erfolgt via App direkt über das Smartphone oder über den Computer. Apples App Store ist am Computer in die Software iTunes (www.apple.com/at/itunes) integriert, Google Play (http://play.google.com) und den Windows Phone Store (www.windowsphone.com/de-at/store) erreichen Sie über den Internetbrowser.

Für den (deutschen) Amazon App-Shop müssen Sie die entsprechende App auf Ihrem Android-Gerät installieren (www.amazon.de/app-shop-web), via Computer gibt es keinen Zugriff. Wichtig! Um diese bzw. alle weiteren Apps, die nicht aus dem Google Play-Store stammen, auf Ihrem Android-Smartphone installieren zu können, müssen Sie zuvor unter den >>Einstellungen/Anwendungen<< die Option „Unbekannte Quellen" aktivieren (bei manchen Smartphones befindet sich diese unter >>Einstellungen/Sicherheit<<).

Der Amazon App-Shop für Android darf dabei nicht mit der allgemeinen Amazon-App verwechselt werden, die für alle Smartphone-Betriebssysteme im jeweiligen App-Store erhältlich ist und dem mobilen Einkauf bei diesem Onlinehändler dient. Diese App ist lange schon auch in Österreich verfügbar.

Bezahlmöglichkeiten

Bevor wir zum Downloadvorgang kommen, der ohnehin weitgehend automatisch abläuft, ein paar Hinweise zu den Bezahlmöglichkeiten in den einzelnen App-Shops: Um kostenlose Apps zu laden, genügt bei Google Play und im Windows Phone Store die Anmeldung über Ihr Benutzerkonto. Die Form, in der Sie bezahlen möchten, wird erst dann relevant, wenn Sie eine Kauf-App laden möchten. Im App Store von Apple hingegen müssen Sie beim ersten Zugriff auf den Store auf jeden Fall eine Bezahlmöglichkeit angeben. Falls Sie das nicht möchten oder das Konto z.B. für ein minderjähriges Kind einrichten, gibt es aber einen ganz offiziellen Weg, dies zu umgehen. Betrachten wir folgend die Stores im Einzelnen.

Google Play-Store

Im Falle von Google Play steht derzeit als einzige Bezahlmöglichkeit die Kreditkarte zur Verfügung. Das Bezahlen via Handyrechnung, wie es einige deutsche Mobilfunkprovider anbieten, oder via Guthabenkarten, wie in den USA, ist in Österreich noch nicht vorgesehen. Nachdem es nicht unproblematisch ist, seine Kreditkartendaten online preiszugeben, bieten sich momentan als einzige Alternative aufladbare Prepaid-Kreditkarten an (Infos z.B. unter www.prepaid-karten.at oder www.complete-prepaid.com).

Prepaid-Kreditkarten bieten sich als Alternative mit geringerem Sicherheitsrisiko an

App Store

Bei Apple gibt es gleichfalls die Kreditkarte, aber auch die Nutzung des Online-Bezahldienstes „Click&Buy" (www.clickandbuy.com). Nur Click&Buy kennt Ihre Kreditkartendaten, nicht aber der Händler, bei dem Sie einkaufen. Alternativ dazu können Sie Click&Buy Ihre Kontonummer bekanntgeben und die Einkäufe werden per Bankeinzug abgebucht. Hundertprozentige Sicherheit besteht natürlich auch hier nicht. Deshalb gibt es – neben den Prepaid-Kreditkarten – mit den iTunes-Geschenkkarten eine gute Möglichkeit, den App-Kauf sicher abzuwickeln. Diese Geschenkkarten sind mittlerweile in zahlreichen Geschäften unterschiedlicher Branchen erhältlich.

Wenn Sie betreffend der Bezahlmethode abwarten möchten, dann ist es am besten, zunächst auf deren Angabe zu verzichten: Klicken Sie am oberen Rand des iTunes-Programmfensters auf >>App Store<<. Sobald das Programm dorthin gewechselt hat, wählen Sie in der rechten Spalte den Eintrag >>Gratis-Apps<<, suchen sich eine beliebige davon aus und klicken auf die Schaltfläche >>Gratis<<, um sie herunterzuladen. Nun werden Sie aufgefordert, ein Konto zu erstellen bzw. sich mit Ihrem bereits vorhandenen Benutzerkonto anzumelden. Sobald Sie zur Auswahl der Zahlungsmethoden gelangen, klicken Sie auf >>Keine<<. In der Folge können Sie über Ihr Benutzerkonto kostenlose Apps laden und kostenpflichtige mittels iTunes-Geschenkkarte bezahlen. Nachträgliche Änderungen der Bezahlmethode sind in iTunes über die Verwaltung Ihres Benutzerkontos möglich.

Durch Laden einer Gratis-App können Sie bei Apple auch ohne Kreditkarte ein Konto erstellen

Windows Phone Store

Die Kreditkarte oder der weit verbreitete Online-Bezahldienst „PayPal" (www.paypal.com) sind die Alternativen bei Microsoft. Paypal ist mit dem oben beschriebenen Dienst Click&Buy vergleichbar. Sie eröffnen dort unter Bekanntgabe Ihrer Bankverbindung oder Ihrer Kreditkartendaten ein Konto und diese werden von PayPal nicht an den App-Store oder einen anderen Verkäufer weitergegeben. Die auf dem Windows Phone zusätzlich genannten Microsoft-Gutscheine sind als Bezahlform bis auf weiteres nicht in Österreich verfügbar.

Amazon App-Shop

Bei Amazon müssen Sie sich gleich für eine Bezahlmethode entscheiden. Kreditkarte und Bankeinzug sind möglich.

Download und Verwaltung

Haben Sie sich für eine App entschieden, dann klicken Sie zum Installieren einfach auf die entsprechende Schaltfläche. Apps, deren Datenvolumen unter 20 Megabyte (MB) liegt, können Sie bei bestehender 3G- oder LTE-Verbindung jederzeit laden. Bei größerem Datenvolumen empfiehlt sich mit Rücksicht auf das verfügbare monatliche Guthaben (laut Handyvertrag) sowie bei 3G auch aus Zeitgründen die Nutzung eines WLAN-Netzes oder das Laden über den Computer. Das iPhone lässt das Laden ab einer bestimmten Dateigröße ohne WLAN-Verbindung gar nicht zu.

Das iPhone muss während des Downloads aber nicht unbedingt auch mit iTunes verbunden sein. Die App wird lokal gespeichert und die Übertragung (Synchronisation) kann beim nächsten Mal erfolgen, wenn Sie das iPhone wieder mit dem Computer verbinden.

Bei Google Play und im Windows Phone Store werden gekaufte Apps hingegen direkt ans Smartphone gesendet, d.h. der Downlaod erfolgt auch beim Kauf via Internetbrowser direkt über das Smartphone. Vorteil des Computers ist in allen Fällen die größere und übersichtlichere Darstellung, beim iPhone können Sie via iTunes zusätzlich die gekauften Apps verwalten (► unten).

Wie Sie die Apps in der Folge auf dem Android-Smartphone verwalten, müssen Sie der Bedienungsanleitung des Gerätes entnehmen. Üblicherweise landen diese in einem gemeinsamen Ordner, der auf der Startseite des Gerätes aufrufbar ist. Innerhalb dieses Ordners können Sie durch Festhalten und Ziehen mit dem Finger die Reihenfolge der Apps ändern, neue Ordner anlegen oder auch gekaufte Apps in den Papierkorb bewegen. Eventuell müssen Sie dazu aber auch zu den >>Einstellungen<< Ihres Smartphones gehen. Die Neuinstallation einer gelöschten App bzw. die Wiederherstellung im Falle eines Defekts oder Gerätewechsels erfolgt über das persönliche App-Verzeichnis „Meine Apps" auf Google Play.

Auf jedem Smartphone lassen sich Apps individuell ordnen

Wenn Sie auf dem iPhone den Finger für einige Sekunden auf ein App-Symbol legen, dann beginnen alle Apps zu wackeln. In diesem Zustand lassen sie sich beliebig verschieben, in gemeinsame Ordner zusammenführen bzw. sofern sie mit einem kleinen Kreuz gekennzeichnet sind durch Antippen auch löschen. Das Drücken der Home-Taste beendet das Wackeln. Alternativ dazu können Sie die Apps via iTunes verwalten, inklusive Änderung der Anordnung und Entfernen vom iPhone (gilt nicht für werksseitig installierte). Dazu muss das Gerät mit dem Computer verbunden sein und anschließend synchronisiert werden. Die Apps bleiben trotzdem in iTunes gesichert und können in einem zweiten Schritt endgültig aus der iTunes-Mediathek „Apps" gelöscht werden (Rechtsklick mit der Maus). Die Alternative ist die Sicherung via iCloud (► Seite 39).

Für die Verwaltung der Spiele gibt es auf dem iPhone übrigens ein eigene App, das „Game Center". Dieses können, aber müssen Sie nicht verwenden. Falls Sie sich dazu entschließen, müssen Sie dort ein eigenes Konto anlegen (wobei Sie die vorhandene Apple-ID verwenden können), das es in der Folge auch ermöglicht, online mit anderen Personen zu spielen.

Beim Windows Phone 8 gibt es einerseits eine Spielesammlung, die anderen heruntergeladenen Apps landen sozusagen auf der zweiten Seite, die Sie erreichen, indem Sie vom Startbildschirm nach links blättern oder an dessen unterem Ende auf den kleinen Rechtspfeil tippen. Wenn Sie eine dieser Apps mit dem Finger festhalten, öffnet sich bei vorinstallierten Apps ein Fenster mit der Option >>Auf Startseite<<, bei gekauften können Sie die App auch deinstallieren (Spiele deinstallieren Sie auf gleiche Weise in der Spielesammlung). Auf der Startseite des Windows Phones können Sie die Live Tiles gleichfalls durch Festhalten mit dem Finger in der Größe ändern, an eine andere Position verschieben oder vom Startbildschirm entfernen. Gelöscht werden sie dadurch aber nicht, dies müssen Sie, wie soeben geschildert, in der App-Liste auf der zweiten Seite bzw. in der Spielesammlung durchführen. Durch Tippen auf den Bildschirm oder die Windows-Taste unten in der Mitte wird die aktuelle Position der Live Tiles fixiert. Online finden Sie Ihre gekauften oder gratis heruntergeladenen Apps im Store unter >>Anwendungen+Spiele/Bisher gekauft<<.

Nützliche Apps für Ihr Smartphone

App-Empfehlungen von dritter Seite können als Orientierungshilfe dienen

Bei einem Angebot von mehreren Hunderttausend Apps ist es nicht einfach, die passenden zu finden. Kritiken und Bewertungen von anderen Benutzern und von diversen (Online-)Zeitschriften bzw. von den Store-Betreibern zusammengestellte „Startpakete" und Empfehlungen sind zumindest als Orientierungshilfen brauchbar. Auch gibt es einige Standard-Apps, die man sinnvollerweise installieren sollte, sowie solche, die sich gegen alle Konkurrenz durchgesetzt haben und auf dem Weg dazu sind, Klassiker zu werden. Die eine oder andere App stellt außerdem eine Ergänzung bzw. Verbesserung vorinstallierter Anwendungen dar, wie es z.B. bei den integrierten Kalendern der Fall ist.

Im Folgenden finden Sie einen nach Anwendungsbereichen geordneten Querschnitt an kostenlosen und kostenpflichtigen Apps für die drei Betriebssysteme, wobei es sich um den bei Redaktionsschluss aktuellen Stand handelt und Änderungen jederzeit möglich sind. So werden z.B. manche Apps nach einem Upgrade auf eine neue Version des Betriebssystems nicht mehr weiterentwickelt, werden überflüssig, weil die Funktion dem Betriebssystem hinzugefügt wurde, oder sie werden in der Beliebtheit von anderen Apps abgelöst. Die Bevorzugung bestimmter Apps ist natürlich auch eine Frage der Gewohnheit und der eigenen Vorlieben.

Ausgeklammert haben wir an dieser Stelle Spiele-Apps. Bei diesen findet man mehr Auswahl, mehr Bewertungen und mehr Downloads als in allen anderen Bereichen, es sollte nicht schwierig sein, die interessantesten davon herauszufiltern.

Etwas detaillierter werden wir dafür auf das Fotografieren (inkl. Bildbearbeitung) und das Navigieren mit dem Smartphone eingehen. Beides steht in der Beliebtheit bei den Benutzern weit oben und es gibt eine dementsprechend große Anzahl einschlägiger Apps.

Cloud-Speicher

Die Idee hinter den Cloud-Lösungen ist es, von jedem Gerät aus jederzeit auf die eigenen Dateien zugreifen zu können bzw. (mit Ausnahme von Apples iCloud) auch anderen Personen den Zugriff auf individuell freigegebene Ordner zu erlauben. Letzteres dient nicht nur der gemeinsamen Arbeit an einem Dokument, sondern ist z.B. auch praktisch, um eine größere Anzahl von Digitalfotos weiterzugeben, ohne damit die E-Mail-Postfächer zu verstopfen.

Microsofts SkyDrive ist universell einsetzbar

Während iCloud am besten mit Apple-Geräten und darauf abgestimmten Apps funktioniert und für andere Smartphone-Betriebssysteme gar nicht verfügbar ist, gibt es mit der SkyDrive-App (iOS und Android) sowie mit dem Konkurrenzprodukt Google Drive (iOS) gute Mögichkeiten zum Arbeiten über die Grenzen von Betriebssystem und Geräteart hinweg.

In beiden Fällen ist es möglich, auch den PC oder Mac einzubinden und ausgewählte Ordner zu synchronisieren (www.skydrive.com bzw. http://drive.google.com). Für das Windows Phone existiert – wie schon

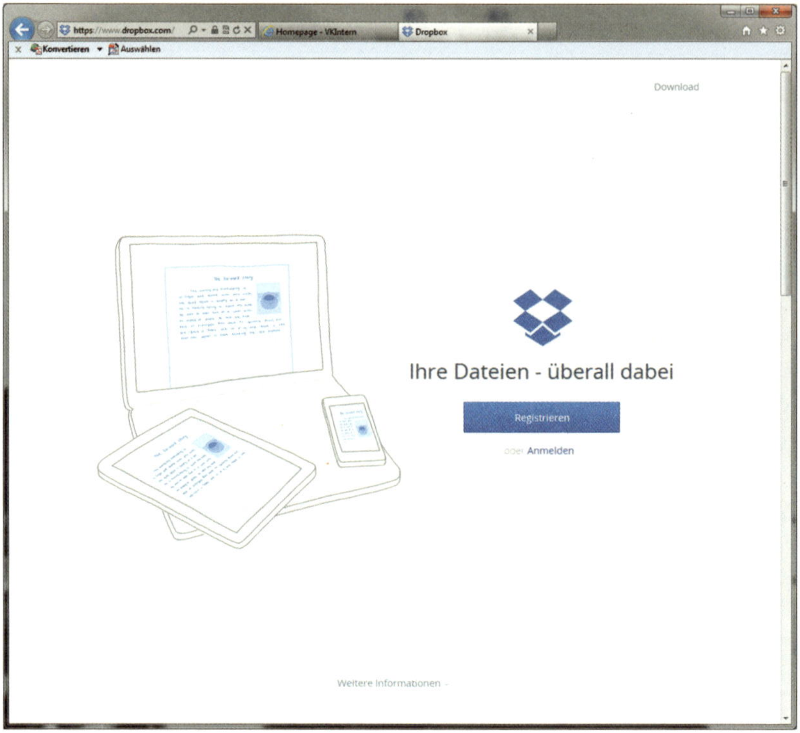

Bewährte Cloud-Lösung: www.dropbox.com

SkyDrive-App

auf ► Seite 71 erwähnt – bisher keine originale Google-App, sondern lediglich eine privat entwickelte App namens GDrive WP7, zu der es aber kaum Erfahrungswerte gibt.

Eine beliebte und bewährte alternative Cloud-Lösung ist die Dropbox, die es als App für alle Smartphone- sowie Computer-Betriebssysteme (www.dropbox.com) gibt.

Eines haben die meisten Cloud-Lösungen gemeinsam: Sie speichern Text, Fotos und andere Dateien und stellen sie bereit, sodass sie mit anderen Apps geöffnet und bei Bedarf bearbeitet werden können. Lediglich Google Drive war schon immer eine Komplettlösung. In diese App wurde Google-Docs integriert, ein Online-Office-Paket zum Betrachten, Erstellen und Bearbeiten von Texten, Tabellen und Präsentationen.

Texte, Tabellen, Präsentationen

Regelmäßig umfangreiche Dokumente auf dem Smartphone zu erstellen ist eine Illusion – dagegen sprechen die Displaygröße sowie die im Vergleich zum Computer umständlich bedienbare Tastatur. Das Betrachten und das Bearbeiten machen hingegen schon Sinn. Die oben erwähnte

Google Play: Documents To Go

Auf dem Windows Phone vorinstalliert: Office

Google Drive-App inklusive Google Docs (Android, iPhone/iOS) ist diesbezüglich sicher eine überlegenswerte Alternative. Für das iPhone ist mittlerweile auch die lang erwartete Office App von Microsoft erschienen. Sie hat aufgrund der Dominanz von Office im Computerbereich sicher das Potenzial zur Marktführerschaft. Die einzige Einschränkung dabei ist, dass sie nur jenen Nutzern offen steht, die Office 365 abonniert haben, also die Online-Variante von Office 2013 mit jährlicher Abo-Gebühr.

Davon abgesehen gibt es für Android mit den einmalig kostenpflichtigen Apps Documents To Go bzw. OfficeSuite Pro 7 bewährte Alternativen von Drittanbietern. Documents To Go ist außerdem für das iPhone verfügbar. Die Kompatibilität der genannten Apps zu Microsoft Office ist groß, hat aber ihre Grenzen.

Ansonsten gibt es für iOS als Alternative die von Apple selbst entwickelten iPhone-Versionen der Office-Programme für den Mac namens Pages (Text), Numbers (Tabellen) und Keynote (Präsentationen). Solange Sie sich innerhalb der Apple-Welt bewegen, funktioniert alles bestens, die Kompatibilität zu Microsoft Office ist aber nicht hundertprozentig gegeben. Die genannten Programme sind im App Store einzeln erwerbbar.

Selbst unter den Mac-Nutzern konnten sich Apples eigene Office-Programme freilich niemals gegen Microsoft Office durchsetzen. Es ist daher auch fraglich, ob Apples Initiative – startend mit der Einführung der Betriebssysteme iOS 7 bzw. Mac OS X 10.9 Mavericks im Herbst 2013 – fruchtet. Ähnlich Google Docs und Microsoft Office 365 soll iWorks für iCloud die Online-Bearbeitung von Dokumenten im Browserfenster ermöglichen und damit plattformübergreifend auch auf jedem Smartphone funktionieren.

Wenn Sie ein Windows Phone 8 besitzen, brauchen Sie sich allerdings erst gar nicht nach Alternativen umzusehen. Hier ist die mobile Version von Microsofts Office-Programmen bereits integriert, die ganz selbstverständlich das Erstellen und Bearbeiten von Textdokumenten, Tabellen und

Präsentationen ermöglicht und voll kompatibel zu den Office-Versionen für PC und Mac ist.

PDF-Dokumente

Zum Betrachten von PDF-Dokumenten sowie zum Einfügen von Anmerkungen und zum Markieren von Textpassagen ist die Installation eines PDF-Readers nötig. Für iPhone und Android hat sich der aus dem Computerbereich bekannte kostenlose Adobe Reader bewährt, für das Windows Phone 8 der von Microsoft selbst entwickelte PDF Reader. Auf dem iPhone gerne verwendet wird aber auch der kostenpflichtige GoodReader, der in der Lage ist, Dokumente fast jeder Art anzuzeigen.

Kalender

Aus unerfindlichen Gründen sind die auf den Smartphones vorinstallierten Kalender-Apps allesamt nicht perfekt. Bei jedem Betriebssystem bleiben diverse Verbesserungswünsche seitens der Benutzer offen. Diesen Wünschen kommen meist Apps von Drittanbietern nach bzw. existiert für Android eine App für den einfachen Zugriff auf den Google Kalender.

Neben dieser Google Kalender-App ist unter Android der gleichfalls kostenlose Jorte Kalender sehr beliebt. Gut bewertet werden aber auch die kostenpflichtigen Anwendungen Business Calendar, aCalendar+ und CalenGoo. Sind sind alle dafür ausgelegt, mit dem Google Kalender zu synchronisieren.

Unter den iPhone-Apps stechen insbesondere der Week Calendar und miCal hervor. Beide sind Kaufanwendungen, die im Vergleich zum Standard-Kalender eine Vielzahl zusätzlicher Möglichkeiten bieten.

iPhone: Der kostenpflichtige Week Calendar

Am Standard-Kalender des Windows Phone 8 wird oft die fehlende Wochenübersicht bemängelt. Die kostenpflichtige App Kalender Week View 8 behebt dies. Alternativ dazu kann der kostenlose Chronos Calendar verwendet werden.

Notizen und Erinnerungen

Apps für Notizen, Erinnerungen und/oder Aufgaben sind gleichfalls beliebt, besonders wenn sie die Möglichkeit der Synchronisation bieten, denn andernfalls könnten die Daten verloren gehen. Android-Nutzer können für Erinnerungen auf den Google Kalender zurückgreifen, aber auch die App MyPhoneExplorer bringt eine eigene Aufgaben- sowie eine

Google Play-Store: OneNote Mobile

Notizen-App mit, die synchronisierbar sind. Zu Redaktionsschluss neu, aber bereits vielfach verwendet und großteils gut bewertet war die Notizen-App Google Keep.

Auch bei Apple sind die Notizen und die Erinnerungen vom Kalender getrennt und werden via iCloud synchronisiert. Beim Windows Phone 8 hingegen sind die Aufgaben in den Kalender integriert und für Notizen steht die App OneNote Mobile zur Verfügung. Diese wird mit Outlook.com synchronisiert, will man sie auch am PC haben, muss man das Microsoft Office-Paket kaufen. Mittlerweile gibt es die OneNote-App auch für Android und iPhone.

Eine für alle Smartphone- und Computer-Betriebssysteme zur Verfügung stehende, beliebte Alternative für synchronisierbare Notizen ist Evernote. Neben diversen anderen To-do-Listen- und Notizen-Apps, die teilweise mit virtuellen Haftnotizzetteln arbeiten, teilweise aber auch sehr ausgefeilt sind, gibt es spezielle Einkaufslisten-Anwendungen, wie die einfach Einkaufsliste genannte App für das iPhone oder Out of Milk für Android. Beim Windows Phone lässt sich OneNote auch für Listen verwenden. In jedem Fall können Sie hier beim Einkaufen einen Posten nach dem anderen abhaken und behalten so den Überblick.

Wörterbücher und Nachschlagewerke

Online-Wörterbücher sind auf dem Computer bereits ein Hit. Englisch-Deutsch sowieso, aber auch andere Sprachen sind gefragt und – bis hin zum Chinesischen – auch vertreten. Die beliebtesten kostenlosen Angebote sind auch für Smartphones verfügbar, wie z.B. LEO für alle drei Betriebssysteme (wobei es sich beim Angebot für das Windows Phone nicht um die Original-App handelt) oder PONS für Android und iPhone. Hier wird jeweils eine Internetverbindung vorausgesetzt. Für Auslandsreisen interessanter, weil offline nutzbar, ist dict.cc für Android und iPhone. Wokikon wiederum ist eine Online-App für Übersetzungen, Verbformen, Synonyme und Abkürzungen, derzeit kostenlos angeboten für Android und iPhone.

Für Auslandsreisen sind offline nutzbare Wörterbuch-Apps empfehlenswert

Darüber hinaus gibt es für jedes Betriebssystem eine Reihe von kostenpflichtigen Angeboten, wobei Sie auch hier darauf achten müssen,

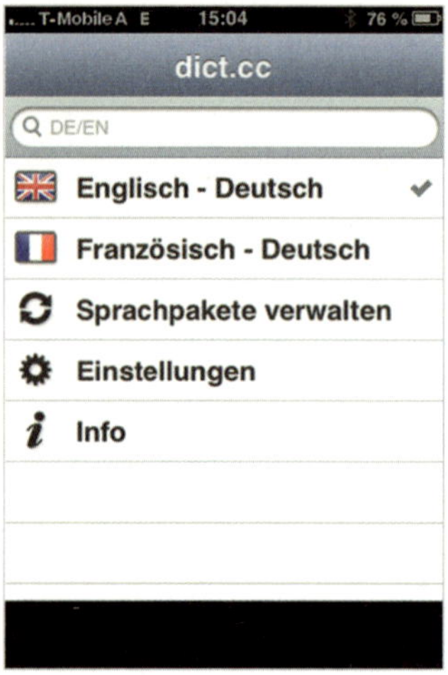

ob der Wortschatz ohne Internetverbindung – und somit ohne Zusatzkosten durch Roaminggebühren – im Ausland nutzbar ist.

Eines der beliebtesten Nachschlagewerke unserer Zeit ist die Online-Enzyklopädie Wikipedia. Für Android und iPhone gibt es die offizielle App Wikipedia Mobile, für das Windows Phone derzeit nur solche von Drittanbietern. Wikipedia ist im vollen Umfang nur mit Internetverbindung nutzbar, Sie können jedoch einzelne Artikel abspeichern, um sie später offline zu lesen. Weitere interessante Anwendungen sind z.B. das BeyArs-Kunstlexikon, derzeit nur für das iPhone, oder Tiere und Pflanzen bestimmen bzw. der Pflanzendoktor, jeweils für iPhone und Android. Bei Android-Nutzern beliebt ist weiters die Kräuter-App sowie Biologie – Pflanzenanatomie. Die letztgenannte Anwendung gibt es in der Apple-Welt derzeit nur für das iPad und zwar unter dem Titel Handbuch der Pflanzen. Beliebt und gut gemacht sind z.B. auch die Apps Planeten des Sonnensystems für Android bzw. Planets für das iPhone.

Telefonnummern und Adressen

Jedes Smartphone-Betriebssystem hat eine Karten-App integriert, mit der Sie auch navigieren können (mehr zum Thema „Navigation am Smartphone“ ► Seite 115). Daneben buhlen aber eine Reihe von Adress- und Karten-Apps um die Gunst der Benutzer. Beachten Sie, dass – je nach verwendeter Funktion der einzelnen Apps – oftmals eine Internetverbindung nötig ist und somit Datenvolumen verbraucht wird (Roamingkosten im Ausland!). Außerdem müssen Sie zulassen, dass die App Ihren Standort ermitteln darf.

Was früher das Telefonbuch und die Gelben Seiten waren, ist heute Herold Mobile für alle drei Betriebssysteme. Das Verzeichnis enthält allerdings nicht nur Telefonnummer und Adressen, sondern kann auch als Routenplaner und Stadtplan verwendet werden, der Sie zu Ihrem Ziel lotst.

Hilfreiche Apps sind Öffnungszeiten Österreich – der Name sagt alles – sowie ApoAPP, das Apothekenverzeichnis der Apothekerkammer, mit dessen Hilfe Sie z.B. auch die jeweils diensthabenden Apotheken in der Nähe abrufen können. Wie die Bewertungen zeigen, sind die Apps allerdings nicht immer hundertprozentig auf dem letzten Stand.

Apps für unterwegs

Wer öffentlich oder mit dem Auto reist, findet eine Vielzahl praktischer Anwendungen

Nicht nur Herold Mobile ist mit seiner Routenplaner-Funktion nützlich, wenn man (im Inland) unterwegs ist. Hier eine Auswahl der unterschiedlichsten Anwendungen: Ihre Zugreise planen können Sie auf allen Betriebssystemen mithilfe von ÖBB Scotty. quando wiederum ist der mobile Infoservice von Wiener Linien und VOR, verfügbar für Android und iPhone, mit Echtzeit-Informationen zu den Fahrtzeiten.

Wenn Sie mit dem Auto unterwegs sind, dann finden Sie vielleicht an der App Unterwegs der ASFINAG gefallen. Sie liefert Informationen zur Verkehrs- und Wettersituation auf Österreichs Autobahnen und Schnellstraßen sowie Zugriff auf mehr als 500 Live-Verkehrskameras.

Spritpreis-Apps gibt es nicht nur von den Autofahrerclubs ÖAMTC und ARBÖ (jeweils für Android und iPhone), sondern es werden für jedes Smartphone-Betriebssystem mehrere ähnliche Apps angeboten, die meist auf die Daten von spritpreisrechner.at zurückgreifen. Damit finden Sie die aktuell günstigsten Tankstellen an Ihrem Aufenthaltsort in Österreich.

ÖBB Scotty unter Android

Ergänzend dazu sind für alle Betriebssysteme elektronische Tankbücher erhältlich, die z.B. auch den durchschnittlichen Spritverbrauch errechnen.

Elektronische Fahrtenbücher sind gleichfalls recht beliebt, wobei den bezahlten Versionen aufgrund diverser Zusatzfunktionen der Vorzug zu geben ist (z.B. Fahrtenbuch PRO für Android oder Driverslog Pro für das iPhone). Manche dieser Apps ermöglichen das Aufzeichnen der Fahrten via GPS, bei anderen kann man nur Anfangs- und Zielort per GPS bestimmen.

A1 Handyparken ist nicht die einzige App, mit der Sie in ausgewählten österreichischen Städten Kurzparkscheine per SMS lösen können, aber sie ist das bewährte Original und funktioniert in der Regel problemlos (und trotz des Namens nicht nur im A1-Netz). Sie müssen sich allerdings persönlich registrieren und im Falle von Wien müssen Sie ein Guthaben aufbuchen. Ansonsten erfolgt die Abrechnung üblicherweise pro gelöstem Parkschein über das Handy-Bezahlsystem paybox (www. paybox.at). Vertragskunden von A1, Orange (bis zur Übernahme durch 3 im August 2013), T-Mobile und tele.ring müssen sich nicht extra bei paybox anmelden.

Und sollten Sie Ihr Auto in einer fremden Stadt oder auf einem großen Parkplatz abgestellt haben und möchten sicherstellen, dass Sie es wiederfinden, dann können Sie eine der bewährten Carfinder-Apps verwenden. Vor dem Zurücklassen des Autos wird die Position ermittelt und bei Bedarf leitet Sie die App wieder zu Ihrem Wagen.

Eine andere Klientel sprechen z.B. die Citybiker-App für Windows Phone sowie diverse Citybike-Apps für Android und iPhone an. Wie der Name schon verrät, zeigen sie die Citybike-Standorte in Wien an.

In Wien und 59 anderen Städten Europas via Smartphone-App ein Taxi bestellen können Sie unter Android und iPhone z.B. mit Taxi.eu. Integriert sind eine GPS-Standortbestimmung, ein Fahrtkostenrechner und die Berechnung der voraussichtlichen Wartezeit.

Sehr beliebt sind Online-Reiseführer

Wenn Sie im In- oder Ausland unterwegs sind, dann kann weiters yelp praktisch sein, eine Art interaktiver Reiseführer, der zu den sozialen Netzwerken zählt. Die Nutzer beteiligen sich rege daran und geben viele Tipps zu Geschäften, Restaurants und anderen hilfreichen oder interessanten Adressen an Ihrem jeweiligen Aufenthaltsort. Allerdings benötigen Sie zur Nutzung des vollen Funktionsumfangs eine Internetverbindung.

TripAdvisor ist ein weiterer beliebter Reiseführer und gleichfalls kostenlos. Für Android und iPhone werden zusätzlich Stadtführer für bekannte Reiseziele angeboten. Einmal die Karte heruntergeladen, ist in diesem Fall keine weitere Internetverbindung mehr nötig. Zum Feststellen des Standortes genügt auch das GPS-Signal. Auch Tripwolf (derzeit nur Android und iPhone) wird gerne verwendet. Hier besteht ebenfalls die Möglichkeit, Informationen zu Hause herunterzuladen und dann offlline zu verwenden. Nach dem gleichen Muster funktioniert CityMaps 2Go (Android und iPhone), wo man Reise- bzw. Stadtführer bzw. Stadtpläne für die Offline-Nutzung herunterladen kann.

Windows Phone: Tripadvisor

Ein Reiseführer der anderen Art ist Wikitude, eine App, die es für alle Betriebssysteme gibt und die in den Bereich der so genannten Augmented Reality gehört (englisch „augmented" = erweitert). Dabei betrachten Sie die Dinge um sich durch die Kamera des Smartphones, während auf dem Display verschiedenste Zusatzinformationen eingeblendet werden. Ein ähnlicher Dienst ist Google Goggles, der aber Android vorbehalten ist. Virtuell durch die Straßen der Welt bewegen kann man sich mit Google Street View, einer App, die unter Android in die Navigationsanwendung Google Maps integriert werden kann.

ape@map wiederum eine Outdoor-Navigations-App mit 50.000 Wandertouren, die offline verfügbar sind. Diese App ist Android- und iPhone-Nutzern vorbehalten.

Das Wetter ist nicht nur beim Wandern ein Thema. Während das Windows Phone mit entsprechenden Apps noch relativ schlecht versorgt ist, bewähren sich unter Android z.B. wetter.com, GO Weather EX, Wetter – Weather, Yahoo! Weather, AccuWeather und einige andere – großteils kostenlose – Anwendungen. Am iPhone hingegen überzeugen eher bezahlte Angebote, wie Weather XXL oder WeatherPro.

Einheitenumrechner sowie Währungsumrechner (im Windows Phone Store eher unter den englischen Begriffen unit converter bzw. currency converter zu finden) runden das App-Paket für unterwegs ab.

Preisvergleiche und Kundenkarten

Preisvergleich-Apps und Barcode-Scanner (englisch „Barcode" = Strichcode, Balkencode), von denen es für jedes Betriebssystem eine Auswahl gibt, sind bei den Kunden beliebt, bei manchen Unternehmen hingegen weniger. In der Regel müssen Sie lediglich den Strichcode eines Produkts mit der Kamera Ihres Smartphones erfassen und erhalten dann neben aktuellen Preisen auch verschiedenste Zusatzinformationen zum Produkt. Zum Teil handelt es sich bei diesen Apps um die Smartphone-Ableger der vom Computerbereich bekannten großen Preisvergleichs-Seiten wie Idealo oder Geizhals.

Mit mobile-pocket haben Sie Ihre Kundenkarten immer dabei

mobile-pocket – in dieser Schreibweise – macht Schluss mit dem Kundenkarten-Chaos in der Geldbörse. Diese für alle Betriebssysteme angebotene App ermöglicht das Einscannen von Kundenkarten bzw. die manuelle Eingabe der Kundennummer, sodass Sie nur noch Ihr Smartphone dabei haben müssen und an der Kassa die entsprechende Karte am Display aufrufen. Im Idealfall erkennt der Scanner an der Kassa den abgebildeten Strichcode. Einige Geräte können diesen allerdings nicht einlesen. Dann gibt es vielleicht immer noch die Möglichkeit des händischen Eintippens. In manchen Geschäften ist jedoch auch dies nicht möglich. So gesehen eine praktische Sache mit gewissen Schwächen, die aber nicht bei der App selbst liegen. Mittlerweile kooperieren verschiedene Handelsketten mit mobile-pocket und versorgen die App mit aktuellen Informationen zu Aktionsangeboten.

Diverses

Hier finden Sie eine bunte Mischung interessanter Apps, wie z.B. Skype für kostenlose (Video-)Anrufe (von Smartphone zu Smartphone oder Computer, WLAN-Verbindung vorausgesetzt). Immer beliebt ist die YouTube-App, die beim iPhone und beim Windows Phone nicht automatisch vorinstalliert ist.

Zumindest bei Android und iPhone gibt es integrierte Recorder-Apps für Sprachmemos. In den Stores sind zudem Apps erhältlich, die zusätzliche Funktionen bieten und die Smartphones in digitale Diktier- bzw.

Aufnahmegeräte verwandeln. So z.B. der Mini Recorder Free (Windows Phone), der Easy Voice Recorder (Android) oder AudioNote Lite (iPhone). Derzeit nur dem iPhone vorbehalten ist hingegen Dragon Dictation, eine Anwendung, die Gesprochenes in Text umwandeln kann und erstaunlich gut funktioniert.

Eine Fangemeinschaft unter den Nutzern von Android und iPhone hat die mobile Version des Opera-Browsers namens Opera mini. Der alternative Internetbrowser, der sich auch im Computerbereich in seiner Nische behauptet, zeichnet sich nicht zuletzt durch seine Geschwindigkeit beim Seitenaufbau aus, mit der er die mitgelieferten Browser oft übertrumpfen kann. Für das Windows Phone existiert derzeit lediglich eine Opera-App mit Namen Opera Link, welche die auf dem Computer im Opera-Browser gesetzten Lesezeichen synchronisiert. Es handelt sich um keinen vollwertigen Browser.

Bunte App-Vielfalt: Von der Spracherkennung über die Musikrecherche bis zum mobilen Scanner

musiXmatch (Android und iPhone) bzw. die damit identische App Lyrics (Windows Phone) verfügen über eine riesige Datenbank an Songtexten. In Ergänzung dazu ist die Musikerkennungs-App Shazam äußerst beliebt und liefert überzeugende Ergebnisse.

Genius Scan und Camscanner sind zwei Apps für Android und iPhone, die das Gerät in einen mobilen Scanner verwandeln. Dokumente werden nicht einfach nur abfotografiert, sondern können ins PDF-Format umgewandelt, beschnitten und über einen Clouddienst oder per E-Mail weitergesendet werden.

Navigation am Smartphone

Moderne Smartphones sind universell verwendbare Geräte, die man ohnehin fast immer dabei hat. Es liegt also nahe, sie auch für die Navigation im Auto, beim Radfahren oder zu Fuß einzusetzen. Dies funktioniert auch grundsätzlich recht gut, wobei man aber dazusagen muss, dass sie speziell bei der Auto-Navigation nicht ganz an die Leistungsfähigkeit und den Funktionsumfang der Navigationsgeräte heranreichen, die ja für diesen Zweck gebaut werden. Wer viel mit dem Pkw unterwegs ist, sollte eher zum großen Navi greifen, beim fallweisen Einsatz leiten aber auch die Smartphone-Apps verlässlich zum Ziel. Jedes der drei Betriebssysteme hat mittlerweile eine Karten-App integriert, die zur Turn-by-Turn-Navigation geeignet ist, d.h. Sie werden mittels Displayanzeige plus Sprachanweisungen in Echtzeit zum gewünschten Ziel geführt. Dies funktioniert zufriedenstellend, wobei Google Maps (Android) der Konkurrenz eindeutig überlegen ist. Früher war Google Maps auch auf jedem iPhone zu finden, nun setzt Apple auf eine eigene Karten-App, die nach einigen Startschwierigkeiten mittlerweile einigermaßen brauchbare Ergebnisse liefert. Wenn Sie möchten, können Sie Google Maps weiterhin als App herunterladen. Google Maps und die Karten-App des iPhones bringen inzwischen sogar Informationen zur aktuellen Verkehrslage, wenn auch nicht in der Qualität eines richtigen Navis. Das Windows Phone ist ebenfalls mit einer eigenen Karten-App ausgestattet. Google Maps ist hier im Original nicht verfügbar, aber es gibt eine gut bewertete App eines Drittanbieters.

Der Nachteil dieser integrierten Lösungen ist, dass sie auf eine bestehende Internetverbindung angewiesen sind und daher für den Einsatz im Ausland aus Kostengründen nur bedingt interessant sind. Der Vorteil – zumindest bei Verwendung im Inland – ist, dass das platzraubende Kartenmaterial nicht auf dem Smartphone gespeichert ist, sondern online abgerufen wird.

Eine der wichtigsten Fragen zu Navi-Apps lautet: online oder offline?

Online oder offline? – das ist bei einer Navi-App eine der wichtigsten Fragen überhaupt, sofern Sie diese regelmäßig einsetzen und auch im Ausland verwenden möchten. Offline bedeutet, dass das benötigte Kartenmaterial vor Reiseantritt über eine WLAN-Verbindung heruntergeladen und somit lokal auf dem Smartphone gespeichert wird. Navigiert wird dann ohne Internetverbindung mittels GPS-Empfänger. Sinnvoll sind jene Navi-Anwendungen, die es erlauben, bei Bedarf gezielt die Daten für

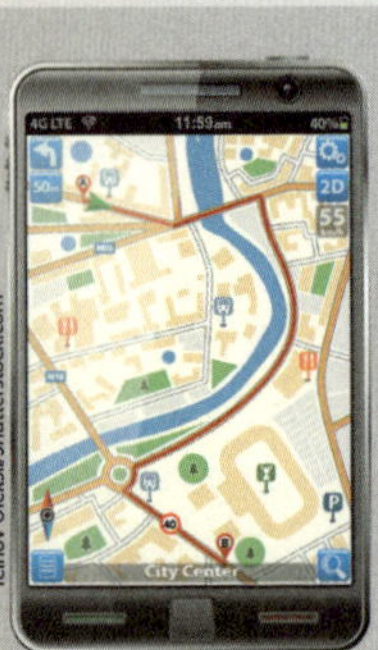

Telnov Oleksii/Shutterstock.com

Im Tarif inkludierte Navigation

A1 und T-Mobile bieten Tarife bzw. Zusatzpakete, mit denen Sie gegen ein fixes monatliches Entgelt eine Navi-App nutzen können. Bei A1 handelt es sich um eine Online-Lösung, allerdings ist Datenvolumen inkludiert. Bei T-Mobile ist derzeit die Navigon-App mit dem Kartenmaterial für Österreich kostenlos erhältlich.

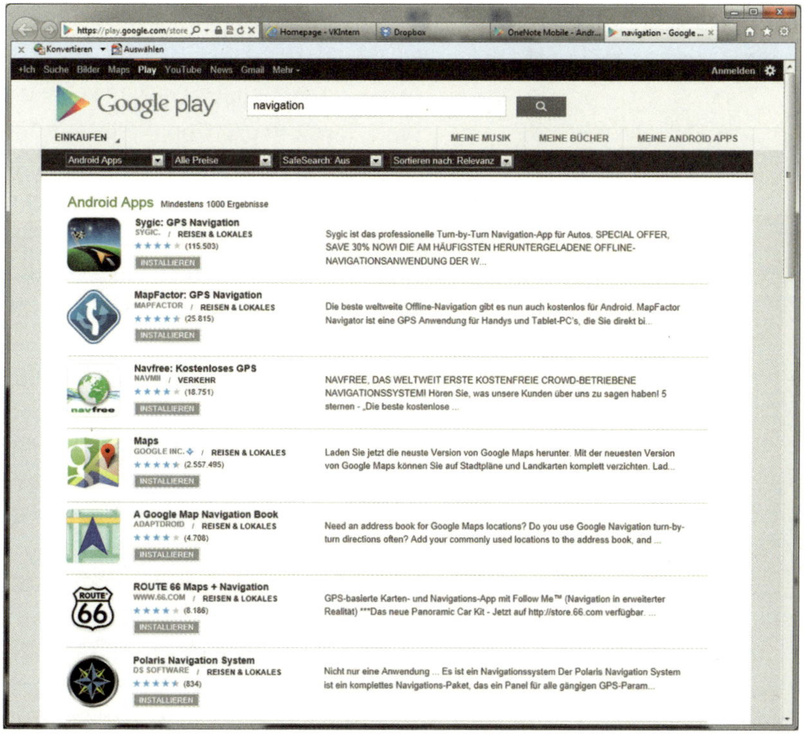

Google Play: Navi-Apps

einzelne Staaten herunterzuladen, denn die Karten benötigen meist eine große Menge Speicherplatz und es wird selten nötig sein, z.B. ständig ganz Mitteleuropa mit sich zu führen.

Brauchbare Navi-Apps gibt es bereits ab null Euro, wie z.B. Navfree für Android und iPhone. Hier trägt die Gesamtheit der Nutzer selbst dazu bei, die Einträge laufend zu verbessern. Gegen eine kleine Gebühr können die auf Dauer doch etwas nervigen Werbeeinblendungen deaktiviert werden. Das Windows Phone bietet mit Turn by Turn eine kostengünstige und brauchbare Alternative zur integrierten Karten-App. Allerdings ist Turn by Turn offline nur beschränkt funktionsfähig, d.h. dem günstigen Anschaffungspreis stehen Roamingkosten im Ausland gegenüber.

Ansonsten müssen Sie für eine vollwertige Navi-App mit einer Preisbandbreite von 20 bis zu knapp 90 Euro rechnen. Zu den beliebtesten Anwendungen gehören Navigon (für alle drei Betriebssysteme ver-

Google Maps, die Standard-Navigation unter Android

fügbar), GPS Navigation 2 (Skobbler) für iPhone bzw. dessen Entsprechung Forever Map 2 für Android, weiters Sygic, TomTom und Copilot (jeweils für iPhone und Android) sowie Navv für das iPhone. Daneben bieten manche Provider ihren Vertragskunden die Option, gegen eine monatliche Gebühr eine aktuell gehaltene Navi-App zu nutzen.

Neben der erwähnten Offline-Funktion (reine GPS-Navigation) sollten Sie vor dem App-Kauf folgende Punkte klären, die Sie aus den Beschreibungen des Anbieters bzw. den Bewertungen anderer Nutzer herauslesen können: Welches Kartenmaterial ist im Preis inkludiert bzw. sind nachträgliche In-App-Käufe notwendig? Sind Karten-Updates im Kaufpreis inkludiert und wie oft kann man mit einem solchen Update rechnen? Ist die App bei einem Gerätewechsel übertragbar oder ist sie an ein bestimmtes Smartphone gebunden?

Hinzu kommen sinnvolle Ausstattungsmerkmale, wie ein Spurassistent, der sich vor allem bei mehrspurigen Verkehrsknotenpunkten bewährt, indem er die richtige Fahrspur optisch hervorhebt. Manchmal ist der Spurassistent aber nur dann aktiv, wenn das Smartphone horizontal ausgerichtet wird (zu Redaktionsschluss z.B. bei TomTom der Fall, ebenso wie die zwangsweise Installation des kompletten Kartenpakets). Praktisch ist die Möglichkeit, auf längeren Strecken Zwischenziele einzugeben und bei der Routenplanung diverse Optionen zu haben, wie z.B. die schnellste, die kürzeste oder die wirtschaftlichste Route. Spracheingabe ist ebenfalls eine sinnvolle Funktion, die nicht alle Navi-Apps beherrschen.

Aktuelle Verkehrsinformationen können helfen, Staus auszuweichen. Damit ausgerüstete Navigationsgeräte verwenden dazu TMC (Traffic Message Channel), d.h. Sie empfangen die von Radiosendern ausgestrahlten Infos und berechnen im Bedarfsfall eine Alternativroute. Diesen – kostenpflichtigen – Zusatzdienst gibt es in adaptierter Form auch für

Smartphones. Er kann meist für einen bestimmten Zeitraum abonniert werden, setzt aber eine Datenverbindung voraus.

Zukaufen kann man zum Teil auch aktuelle Radarwarnungen. Kostenlos – falls in der jeweiligen App vorhanden – sind hingegen Geschwindigkeitswarnungen, sowie Warnungen vor Bahnübergängen und stationären Radargeräten. Interessant ist weiters, ob es einen Fahrrad- und einen Fußgängermodus für die Routenberechnung gibt.

Foto-Apps

Fotografieren mit dem Smartphone ist sicher eine der beliebtesten Anwendungen. Bei guten Lichtverhältnissen brauchen manche Geräte hinsichtlich der Bildqualität den Vergleich mit einer kompakten Digitalkamera nicht zu scheuen. Trotzdem müssen Sie bedenken, dass es sich bei den Smartphones um Multifunktionsgeräte handelt, die nicht alles leisten können. Die kleine Öffnung im Gehäuse kann keinesfalls ein Kameraobjektiv ersetzen, d.h. die mangelnde Lichtempfindlichkeit bei ungünstigeren äußeren Verhältnissen ist immer ein Problem. Jeder Versuch der Hersteller, ein dezidiertes Fotohandy zu bauen, muss zwangsläufig in Richtung einer Digitalkamera gehen, mit der man auch telefonieren kann, weil die Optik Platz braucht.

Der Vorteil der Smartphones ist nicht die Bildqualität, sondern die Multifunktionalität

Dies ändert freilich nichts an der Beliebtheit der Smartphones als Kameraersatz. Der Vorteil ist nicht nur einmal mehr jener, dass man immer alles Notwendige dabei hat, sondern dass das Smartphone die Möglichkeit bietet, die Fotos unmittelbar weiterzuversenden und sie zuvor eventuell noch zu bearbeiten.

Der Photostream von Apple sorgt auf Wunsch für einen (automatischen) Abgleich der Bilder mit iCloud, sodass sie auch weiteren Geräten zur Verfügung stehen. Die Google Drive-App leistet Ähnliches und beim Windows Phone dient die SkyDrive-App zum Hochladen der mit dem Smartphone geschossenen Fotos. Diese Varianten sind eher für den privaten Gebrauch bestimmt, ermöglichen es aber auch, ausgewählten Personen zu ausgewählten Foto-Ordnern (Alben) Zugang zu gestatten. Diese Personen können die Bilder betrachten oder auch herunterladen,

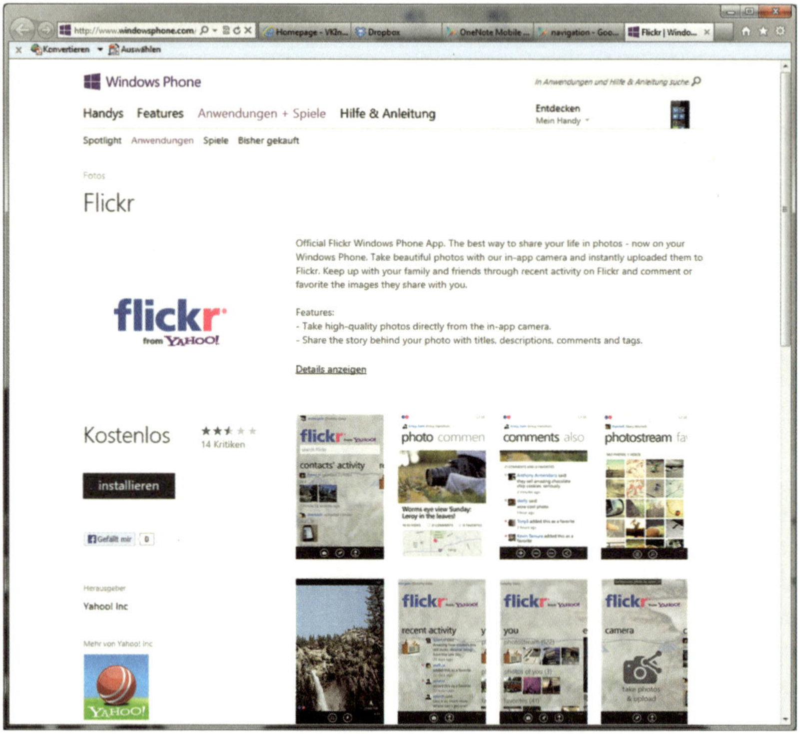

Flickr: Ein soziales Netzwerk für das Teilen von Fotos. Die Flickr-App gibt es für alle Betriebssysteme

Fotos bearbeiten mit Adobe Photoshop Express

was bei größeren Datenmengen eine gute Alternative zum Versand per E-Mail darstellt.

Ein Bindeglied zu den sozialen Netzwerken, in denen es darum geht, Nachrichten und Fotos einem größeren Personenkreis oder gar der Öffentlichkeit zugänglich zu machen, sind die Picasa Webalben von Google. Mit der Android-App Tool für Picasa haben Sie vom Smartphone aus Zugang zu Ihren Webalben und können diese auf Wunsch mit anderen teilen. Die Einstellungen erlauben es aber auch, Ihre Fotos geheim zu halten.

Mit Picasa verknüpft ist mittlerweile Google+, das soziale Netzwerk von Google, das Facebook Konkurrenz machen soll. Freigegebene Picasa-Alben scheinen auch in Google+ auf. Hier ist schon der Schritt hin zur Öffentlichkeit der hochgeladenen Bilder gesetzt.

In erster Linie um das Teilen geht es bei den übrigen Apps, die für das Hochladen von Fotos in ein soziales Netzwerk programmiert wurden. Privatsphäre ist hier wenig bis keine vorhanden. Während bei Facebook oder Twitter immer noch die aktuelle Nachricht (Statusmeldung) im Vordergrund steht, dreht sich dort alles um die Bilder. Instagram, Pinterest (beide Android und iPhone) und Flickr (für alle drei Betriebssysteme) sind riesige interaktive Communitys, bei denen es u.a. darum geht, Fotos zu bewerten. Alle drei Apps bieten diverse Bearbeitungsmöglichkeiten bzw. hat Flickr eine Kamera mit diversen Effekten integriert, sodass man sich im Rahmen der von der App gebotenen Optionen kreativ betätigen kann. Für das Windows Phone gibt es mit Photoplay eine an Instagram orientierte Alternative, die aber eine entsprechend geringere Verbreitung hat.

Viel Raum für Kreativität

Die Kreativität steht auch bei jenen Apps im Vordergrund, die in erster Linie der Bildbearbeitung dienen – auch wenn die meisten davon heutzutage nicht mehr auf die – optionale – Anbindung an soziale Netzwerke (meist Facebook, oft auch Twitter) verzichten können, weil die Anbieter davon ausgehen, dass bearbeitete Fotos auch anderen Personen gezeigt werden sollen. Unterscheiden kann man zwischen den klassischen Bildbearbeitungs-Apps, den verspielten Varianten sowie Anwendungen für den spezifischen Einsatz.

Zu den klassischen zählen z.B. Adobe Photoshop Express für Android und iPhone (= der Smartphone-Ableger des gleichnamigen Bildbearbeitungsprogramms für PC und Mac), Pixlr Express (beliebt vor allem für Android, die iPhone-Version hat bisher keine Bewertungen), weiters Snapseed und BeFunky Photo Editor für Android und iPhone. Bei Eingabe des Suchbegriffes „Photo Editor" findet man noch etliche weitere Angebote für diese beiden Betriebssysteme. Die kostenpflichtige Apple-eigene Anwendung iPhoto enttäuscht bisher. Sie wird nicht mit dem gleichnamigen Programm auf dem Mac synchronisiert.

Das Windows Phone ist im Bereich der Bildbearbeitung bisher eher schlecht versorgt. Die integrierte Foto-App erlaubt zumindest Basis-Bildkorrekturen. Ansonsten bieten sich für umfangreichere Eingriffe Picture Perfect bzw. das kostenpflichtige Clever Photo an.

Viele Apps setzen nicht auf Bildbearbeitung im eigentlichen Sinne, sondern auf mehr oder weniger verspielte Effekte

Die verspielteren Apps, die keine Bildbearbeitung im eigentlichen Sinne beherrschen, kann man meist für Collagen, eingeblendete Bilderrahmen, Farbeffekte u.ä. einsetzen. Zu den beliebtesten zählen hier: Pic stich (umfangreiche Collagen für Android und Windows Phone), Pic Stitch (eine ähnliche App mit ähnlichem Namen für iPhone), Pic collage (Android, iPhone), phototastic (Collagen und diverse Effekte für Windows Phone), PhotoGrid – Collage Maker (Windows Phone und Android, für das iPhone ist die App weniger beliebt), Photo Art – Color effects für künstlerische Fotos unter Android sowie Color Effects für das iPhone.

Außerdem existieren für alle Betriebssysteme divers Apps, welche die Bezeichnung Photo Booth (auch: Photobooth) im Namen tragen. Wörtlich bedeutet dies Passbildautomat. Sie bieten gleichfalls diverse Effekte und Gestaltungsmöglichkeiten, wie z.B. virtuelle Fotorahmen, aber keine Bildbearbeitung oder Bildverbesserung im eigentlichen Sinne.

Beliebt sind auch Panorama-Apps, wie Photosynth für Windows Phone und iPhone bzw. Camera360 Ultimate für Android und iPhone. Serienaufnahmen wiederum werden mit den Apps Turbo Camera für das Windows Phone, Fast Camera für das iPhone und Fast Burst Camera für Android-Smartphones möglich.

Neben den nachträglichen Eingriffsmöglichkeiten ins Foto gibt es einen anderen Weg, nämlich die Beeinflussung der Aufnahme. Mit speziellen Kamera-Apps kann man Fotos gleich mit Effekten aufnehmen. Für Android beliebt ist z.B. FxCamera. Unter den iPhone-Nutzern hingegen hat Hipstamatic eine große Fangemeinde. Die App ermöglicht digitale Aufnahmen im analogen Stil und bietet unterschiedlichste Filter, die eine Reise durch alle Epochen der Fotografie simulieren. Die App ist allerdings kostenpflichtig und macht nur dann ausreichend Sinn, wenn man auch die Erweiterungen dazukauft). Eine andere Kamera für Effekte ist Pudding Camera, geeignet für iPhone und Android. Lediglich eine Verbesserung der integrierten Kamera und ihrer Funktionen ist Camera+ für iPhone und Android. Auch diese App wird aber gerne genutzt.

Drucken mit dem Smartphone

Wer einen Computer besitzt, hat vielleicht schon die Erfahrung gemacht, dass das Drucken seine Tücken hat und nicht immer so einfach vonstatten geht, wie man es sich wünschen würde. Das Drucken vom Smartphone aus ist aber ohnehin eine völlig eigene Geschichte, was freilich nicht bedeutet, dass die möglichen Schwierigkeiten geringer sind. Das heißt, dass Sie sich unter anderem darauf einstellen sollten, dass es mit einem einfachen Knopfdruck nicht immer getan ist und dass das Druckergebnis nicht in jedem Fall dem entspricht, was Sie sich erwarten, weil Sie im Vorfeld weniger Einfluss darauf nehmen können als am Computer.

Drucklösungen für mobile Geräte gibt es jedenfalls mehrere, wobei Android-Smartphones und iPhones hinsichtlich des Angebots derzeit klar im Vorteil sind. Was Sie zusätzlich benötigen, ist ein WLAN-Netz sowie ein WLAN-tauglicher Drucker, der die entsprechende Drucklösung auch unterstützt. Die weniger praktische Alternative ist die Nutzung des Druckers über den Computer, d.h. Sie können zwar mit dem Smartphone über WLAN drucken, müssen aber zuvor jedes Mal den Computer hochfahren.

Die Lösungen der Druckerhersteller haben meist bestimmte Einschränkungen

Eine Möglichkeit zum Drucken via Smartphone ist die Installation einer kostenlosen App, wie sie bereits von jedem Druckerhersteller jeweils für die eigenen Geräte angeboten werden. Nachteil dieser Lösung ist allerdings, dass die betreffenden Apps vor dem Drucken extra gestartet werden müssen und dass sie meist nicht mit allen Dateiformaten kompatibel sind. Ähnliche Einschränkungen gelten für die Lösung von HP namens ePrint. Hier bekommt der ePrint-taugliche Drucker einer personalisierte E-Mailadresse zugeteilt. Wenn Sie dann, unabhängig von Ihrem Standort, vom Smartphone aus eine E-Mail an den Drucker senden, wird diese bzw. der darin befindliche Anhang ausgedruckt.

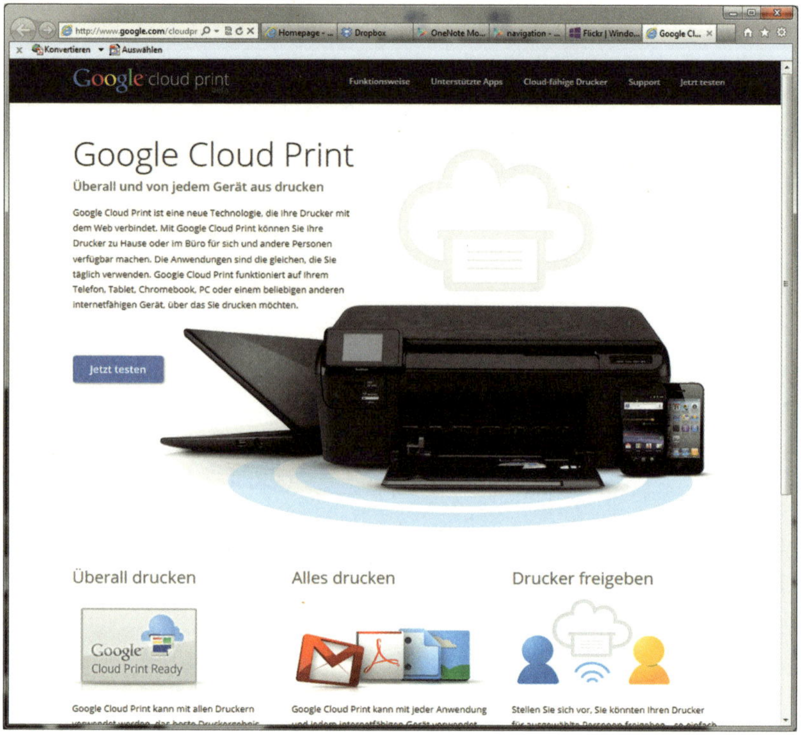

Auch Google ist mit einem kostenlosen Druckservice auf dem Markt

Für iPhone-Besitzer bietet sich die AirPrint-Funktion an. Das iPhone erkennt automatisch im selben WLAN-Netz befindliche AirPrint-taugliche Drucker – von denen es mittlerweile zahlreiche Modelle auf dem Markt gibt – und ermöglicht das Drucken direkt aus einer Anwendung heraus, so wie man es vom Computer her gewohnt ist. Und dabei muss es sich nicht einmal zwingend um den eigenen Drucker handeln.

Die Konkurrenz schläft freilich nicht und so gibt es mit Google Cloud Print einen plattformübergreifenden Druckservice, der – ähnlich wie HPs ePrint – unabhängig vom Standort funktioniert. Dazu hat Google diverse Apps entwickelt, wie Google Cloud Print für Android oder PrintCentral Pro für das iPhone bzw. die Seite m.google.com zum Drucken aus dem Smartphone-Browser heraus. Alle Details dazu finden Sie unter http://www.google.com/cloudprint/learn/index.html.

Den passenden Tarif wählen

- Kein Smartphone ohne Datenvolumen
- Die wahren Kosten von Gratis-Smartphones
- Roaming in der EU und in Drittstaaten

Datenvolumen muss sein

Der Verbindungsaufbau zum Internet lässt sich schwer bis gar nicht verhindern

Smartphones sind für die Nutzung des Internets gebaut. Selbst wenn Sie es bewusst nicht verwenden möchten, ist es bei vielen Geräten praktisch unmöglich, den fallweisen Verbindungsaufbau zu unterbinden. Ein reiner Sprachtarif ohne integriertes – und daher gesondert verrechnetes – Datenvolumen ist für Smartphones nicht sinnvoll. Möglicherweise können Sie aber einen vorhandenen Sprachtarif durch ein Daten-Zusatzpaket zu günstigen Bedingungen erweitern.

Es muss ja nicht viel sein. Wenn Sie sich z.B. auf E-Mails beschränken und nur hin und wieder im Internet Informationen einholen, dann finden Sie bereits mit 100 MB Datenvolumen das Auslangen. Wenn Sie im normalen Ausmaß surfen und E-Mails abrufen, dann werden Sie selbst bei täglicher Verwendung leicht mit 1 GB pro Monat auskommen und können dabei sogar noch das eine oder andere YouTube-Video anschauen. Zumindest 3 GB empfehlen sich hingegen bei intensiver Internetnutzung mit vielen Videoabrufen. Auch Musikhören via Cloud, das Hochladen von Fotos und die Online-Navigation schlucken bei starker Nutzung viel Datenvolumen. Wichtig ist es jedenfalls, bei der Wahl des konkreten Tarifs vom eigenen Nutzungsverhalten auszugehen.

Teure Gratis-Smartphones

Die Tariffrage steht in engem Zusammenhang mit der Entscheidung zwischen einem frei nutzbaren, entsprechend teureren Smartphone oder einem an Vertrag und Provider gebundenen Gerät, das in der Anschaffung wenig bis gar nichts kostet. Je teurer ein Gerät im freien Handel ist, desto interessanter wird es natürlich als Null-Euro-Schnäppchen. Allerdings sind Sie mit einem solchen günstigen Angebote meistens zwei Jahre lang vertraglich gebunden. Und Sie erwerben damit ein Gerät, das Sie bei einem Anbieterwechsel kostenpflichtig entsperren lassen müssen.

Wenn man nachrechnet, auf welche Summe sich ein Tarif mit Null-Euro-Smartphone inklusive aller Nebenkosten innerhalb von zwei Jahren beläuft, kommt man leicht auf mehr als 1.000 Euro. Angesichts dessen ergibt sich ein anderes Bild vom Gratis-Smartphone. Es wird deutlich, dass zwar das Objekt der Begierde in der Werbung als verlockendes Schnäppchen präsentiert wird, dass aber über die damit verknüpften Tarife die Kosten im Laufe von 24 Monaten locker wieder hereingespielt werden.

Für weniger als 30 Euro pro Monat finden Sie daher auch keine Topgeräte unter den Null-Euro-Smartphones bzw. müssen Sie bei den günstigeren Tarifen das Gerät anteilig bezahlen. Die Diskontanbieter nehmen die teuren Modelle erst gar nicht ins Angebot, weil sie ansonsten den niedrigen Durchschnittspreis Ihrer Tarife nicht halten könnten. Schließlich sind sie im Wettstreit um wechselwillige Kunden bei den Smartphone-Tarifen schon unter die 10-Euro-Marke gerutscht.

SIM pur als Alternative

Möglicherweise steigen Sie mit einem offenen Gerät günstiger aus

Jedenfalls sollten Sie sich die Frage stellen, ob Sie eventuell günstiger aussteigen, wenn Sie ein für alle Netze offenes Gerät kaufen und unabhängig davon einen passenden Tarif wählen – je nach Provider können Sie damit sogar Aktivierungsgebühr und Bindefrist entgehen. Man spricht hier auch von SIM pur, weil Sie bei Vertragsabschluss lediglich eine SIM-Karte ausgehändigt bekommen. Die Auswahl ist in diesem Fall groß, weil mit A1, Bob, 3, Redbull Mobile, Telering, T-Mobile, s-Budget und Yesss gleich acht Provider zur Verfügung stehen, die Smartphone-Tarife als SIM pur im Angebot haben (die wirtschaftlichen Verflechtungen der genannten Provider spielen hierbei keine Rolle).

Interessant sein können darüber hinaus die Spezialtarife einzelner Provider, wie etwa EU-Tarife mit inkludierten Freiminuten ins Ausland oder Jugendtarife. Und wer wirklich sparen möchte, geht beim Smartphone Kompromisse ein und wählt eines aus der Mittelklasse bzw. ein nicht mehr ganz aktuelles. Bei den Android-Geräten ist die Auswahl diesbezüglich groß, aber auch Apple verkauft weiterhin Vorgängermodelle zu niedrigeren Preisen.

Die Entscheidung für einen Tarif mit oder ohne Smartphone muss letztlich individuell getroffen werden, doch eines ist sicher: Im Vorfeld vergleichen und die Tarifbedingungen lesen gehört auf jeden Fall dazu.

Die wichtigsten Fragen

Fassen wir die wichtigsten Fragen im Vorfeld eines Vertragsabschlusses zusammen, und zwar unabhängig davon, ob Sie einen Tarif mit oder ohne Gratis-Smartphone wählen:

- Wie hoch ist die monatliche Grundgebühr?
- Ist die Grundgebühr wertangepasst? (Telering und T-Mobile haben damit begonnen, die Tarife gemäß dem Verbraucherpreisindex regelmäßig anzupassen).
- Wie hoch sind die Zusatzkosten (einmalige Aktivierungsgebühr, jährliche Servicepauschale)?
- Wie hoch sind die Gesamtkosten nach zwei Jahren?
- Welche Bindungsfrist gibt es?
- Entspricht der angebotene Tarif hinsichtlich seiner Kosten und seines Leistungsumfangs den eigenen Möglichkeiten und Bedürfnissen?
- Wie viel kostet das Entsperren des Smartphones und ab wann ist dies laut Vertrag möglich?

Roamingkosten

Nur innerhalb der EU gelten Tarifobergrenzen

Angesichts der teils immensen Kosten für die Nutzung von Mobiltelefonie bzw. Datenverbindungen im Ausland (Roaming), hat die EU-Kommission EU-weit gültige Tarifobergrenzen eingeführt (Eurotarif). Diese gelten jedoch nicht in Drittstaaten! Für Reisen in Länder außerhalb der EU empfiehlt es sich, noch zu Hause die Mailbox abzuschalten, weil diese ansonsten zusätzliche Kosten verursacht (das Gespräch wird ins Ausland nachgeschickt und – wenn Ihr Gerät eingeschaltet ist, Sie aber nicht abheben – kostenpflichtig zur Mailbox nach Österreich zurückgeleitet. Und auch beim Datenroaming stellt sich die Frage, ob es nicht sinnvoller ist, gänzlich darauf zu verzichten und die Funktion am Smartphone während des Auslandsaufenthaltes zu deaktivieren. Innerhalb der EU sollten Sie entweder dasselbe tun oder sehr zurückhaltend sein bei der Nutzung von Datenverbindungen (E-Mails, Internetabfragen, Navigation, MMS).

Bedenken Sie auch allfällige MMS-Abos oder Apps, die im Hintergrund Datenverbindungen herstellen, und setzen Sie die Abos aus bzw. deaktivieren Sie die entsprechenden Dienste. Beachten Sie auch, dass – sofern es sich nicht ausdrücklich um ein Auslandspaket handelt – im Tarif inkludierte Freiminuten oder Datenguthaben außerhalb Österreichs nicht gelten. Eine Ausnahme davon ist lediglich der Anbieter 3, bei dem man in einigen ausgewählten Ländern und ausschließlich im 3-Netz zu heimischen Konditionen telefoniert und surft (seit August 2013 nur noch für Bestandskunden).

Es gibt übrigens noch weitere Möglichkeiten, die Kosten im Ausland niedrig zu halten:

- Nutzen Sie kostenlose oder vergleichsweise kostengünstige WLAN-Verbindungen im Hotel bzw. den PC in der Empfangshalle. Auch Internet-Cafés sind eine Alternative.
- Halten Sie sich häufig bzw. für längere Zeit im Ausland auf, dann erkundigen Sie sich bei Ihrem Provider nach speziellen Tarifpaketen (z.B. Vorzugsländer oder Datenroaming-Pauschale).
- Vergleichen Sie vor einer Reise in Länder außerhalb der EU die Preise der Roamingpartner Ihres Anbieters. Nutzen Sie mittels „manueller Auswahl" am Gerät die günstigsten Tarife.
- Die Alternative zum Auslandstarif ist der Kauf einer ausländischen Wertkarte vor Ort, sofern Sie ein Smartphone besitzen, das nicht SIM-locked und somit für alle Netze offen ist.

Wer bewusst sparen möchte, findet verschiedene Möglichkeiten

Eurotarif

Derzeit beschlossen sind die Tarife bis ins Jahr 2014. So kosten aktive Telefonate bei Aufenthalten im EU-Raum per 1. Juli 2013 maximal 0,288 Euro pro Minute und passive maximal 0,084 Euro. Mit 1. Juli 2014 betragen diese Kosten 0,228 bzw. 0,06 Euro. Passive Telefonate müssen von Beginn an sekundengenau abgerechnet werden, bei aktiven dürfen bei Gesprächsbeginn höchstens 30 Sekunden pauschal abgerechnet werden.

Der SMS-Versand aus dem EU-Ausland wiederum darf mit Juli 2013 maximal 0,096 Euro pro Nachricht betragen, ab 1. Juli 2014 dann 0,072 Euro. Der SMS-Empfang ist innerhalb der EU entgeltfrei. Ebenso dürfen die Anbieter für den Empfang einer Voice-Mail-Roamingnachricht (Mobilbox-Nachricht) kein Entgelt verrechnen.

Nun zum Datentarif: Pro übertragenem Megabyte (MB) dürfen es derzeit maximal 0,54 Euro sein, ab 1. Juli 2014 dann nur noch 0,24 Euro. Abgerechnet wird auf Kilobyte (KB) genau, dies gilt allerdings nicht für MMS. Das Senden und Empfangen von MMS darf aber die genannten Höchstgrenzen pro MB nicht überschreiten.

Sowohl für den EU-Raum als auch für Drittstaaten gilt die Kostenbegrenzungsfunktion für das Datenroaming. Ist kein eigener Höchstbetrag festgelegt worden, dann sind die Kosten für das Datenroaming mit 60 Euro begrenzt. Bei Erreichen von 80 Prozent dieses Limits muss der Kunde davon informiert werden. Reagiert der Kunde nicht auf diese Nachricht, muss das Datenroaming vonseiten des Anbieters eingestellt werden.

Es kann übrigens vorkommen, dass ein vom Provider angebotener spezieller Roamingtarif (der oft auch gezielt für einen begrenzten Zeitraum buchbar ist) günstiger als der Eurotarif ist und genauso gut kann es umgekehrt sein. Hier gibt letztlich nur der direkte Vergleich Aufschluss.

Service

– Glossar
– Stichwortverzeichnis

Assisted GPS. Zum schnelleren Auffinden des aktuellen Standortes greifen Navigationslösungen nicht nur auf die sattellitengestützten GPS-Daten zurück, sondern parallel dazu auf das Internet	**A-GPS**
Advanced Audio Distribution Profile. Technologie zur drahtlosen Übertragung von Audiosignalen via Bluetooth an entsprechende Empfangsgeräte, also z.B. Bluetooth-Kopfhörer	**A2DP**
Standard für erhöhte Sprachübertragungsqualität beim Mobilfunk. Muss auch vom Provider unterstützt werden	**AMR Wideband**
► Phishing	**Anti-Phishing**
Applikation, Anwendung, Anwendungssoftware v.a. für Smartphones	**App**
Eine universell einsetzbare Funktechnologie zur Datenübertragung über kurze Strecken zwischen Geräten, die dafür ausgerüstet sind. Im Falle von Handy und Smartphone kann dies eine Freispecheinrichtung sein, oder – zwecks Datenabgleich – der Computer	**Bluetooth**
Aktuelle, verglichen mit den Vorgängern sehr schnelle Version des Bluetooth-Funkstandards	**Bluetooth 3.0**
Das Hochfahren der Gerätesoftware (Smartphone, Computer) nach dem Einschalten	**Booten**
Ein „gebrandetes" Smartphone trägt nicht nur das Logo eines bestimmten Mobilfunkproviders, es ist auch für die Nutzung von dessen Netz und Services optimiert	**Branding**
Die Auslagerung von Dateien (und auch Software) von den einzelnen Geräten in eine „Rechnerwolke", die vom Anbieter zur Verfügung gestellt wird. Bei Bedarf wird via Internet darauf zugegriffen. Man spart dadurch lokalen Speicherplatz	**Cloud, Cloud-Dienst**
Enhanced Data Rates for GSM Evolution ist als Weiterentwicklung von ► GSM und ► GPRS eine (vergleichsweise langsame) Alternative, falls ► UMTS nicht verfügbar ist	**EDGE**
E-Mail-Programm zum Empfangen und Senden von E-Mails	**E-Mail-Client**
Die Basissoftware, die ein Smartphone benötigt, um zu funktionieren und Anwendungssoftware (Apps) darauf installieren zu können	**Firmware**
Möglichkeit zur Abschaltung des Mobilfunkempfangs bei gleichzeitiger Weiterverwendung der übrigen Funktionen des Smartphones (Music-Player, Kalender, Telefonbuch etc.)	**Flight Mode**
Beim Geotagging werden Fotos mit raumbezogenen Zusatzinformationen versehen, also z.B. den geografischen Koordinaten. So lässt sich jederzeit nachvollziehen, wo das jeweilige Foto aufgenommen wurde	**Geotagging**
General Packet Radio Service. Veraltete Übertragungstechnik für GSM-Handys, bei der Daten mit erhöhter Geschwindigkeit als „Pakete" verschickt werden	**GPRS**

GPS Global Positioning System. Ein Satellitennavigationssystem zur exakten Positionsbestimmung

GSM Global System for Mobile Communications. Weltweit führender Mobilfunkstandard, der in rund 200 Ländern vorwiegend für das Telefonieren über das Handy eingesetzt wird

HDMI High Definition Multimedia Interface. Schnittstelle (Anschluss) für die Übertragung von Audio- und Videodaten in der Unterhaltungselektronik bzw. im Computerbereich

Hotspot Ein hotspotfähiges Smartphone kann als kabelloser Netzwerkrouter fungieren, um einem oder mehreren Computern den Internetzugang zu ermöglichen. Der Zugriff erfolgt mittels ► WLAN (WiFi-Schnittstelle)

HSCSD High Speed Circuit Switched Data. Eine Übertragungstechnologie für das ► GSM-Netz, die durch Kanalbündelung eine ähnliche Datentransfergeschwindigkeit wie ► GPRS erreicht. Muss vom Provider unterstützt werden

HSDPA High Speed Downlink Packet Access. Die Weiterentwicklung von ► UMTS. Diese Technologie erreicht (und übertrifft) die Übertragungsgeschwindigkeiten kabelgebundener Breitbandverbindungen. Muss vom Provider unterstützt werden

HSPA+ High Speed Packet Access Plus. Standard zur schnellen Datenübertragung, sowohl beim Download als auch beim Upload. Muss vom Provider unterstützt werden

HSUPA High Speed Uplink Packet Access. Ein Standard zur Beschleunigung des Uploads von Daten ins Internet. Muss vom Provider unterstützt werden

HTML Hypertext Markup Language. Textbasierte Programmiersprache zur Gestaltung von Internetseiten

ID3 tags „ID3" steht für „Identify an MP3", „tag" bedeutet „Etikett". ID3 tags sind schriftliche Zusatzinformationen zu einer Musikdatei, die Angaben zum Interpreten, zum Album, zum Erscheinungsjahr etc. enthalten

IMAP Internet Message Access Protocol. Standard, bei dem E-Mails dezentral auf einem Server gespeichert werden. So hat man von jedem Computer aus Zugriff darauf und kann diese online bearbeiten

IMEI International Mobile Equipment Identity. 15-stellige, weltweit für jedes Mobiltelefon einmalig vergebene Zulassungsnummer. Sie finden die IMEI auf dem Typenschild der Geräteverpackung bzw. auf dem Display nach Eingabe von *#06#

Jailbreak Begriff, der speziell beim iPhone verwendet wird. Ein Jailbreak ermöglicht die Nutzung von Drittanbieter-Apps, stellt aber einen von Apple nicht erwünschten Eingriff ins Gerät dar. Beim tethered Jailbreak benötigt das Smartphone jedes Mal eine Verbindung zu einem Computer, um hochfahren zu können, beim untethered Jailbreak kann es von alleine hochfahren (booten)

Java – Eine leistungsfähige, universelle Programmiersprache, die plattformübergreifend auf unterschiedlichsten Geräten funktioniert und z.B. für viele Spiele-Apps eingesetzt wird

Kapazitiver Touchscreen – Kann nur mit dem bloßen Finger oder leitfähigen Eingabestiften, nicht aber mit einem herkömmlichen Eingabestift oder in Handschuhen bedient werden

LED-Blitz – Kein Blitzlicht im eigentlichen Sinn, sondern ein Fotolicht. Hier wird eine Leuchtdiode, die beim Fotografieren kurz aufleuchtet, als Blitzlichtersatz verwendet

Lockscreen – ► Sperrbildschirm

LTE – Long Term Evolution. Neuer Mobilfunkstandard mit hoher Datenübertragungsrate, auch als 4G bezeichnet. Nachfolgetechnologie von ► UMTS. Das österreichische LTE-Netz ist derzeit im Aufbau begriffen

MTP – Media Transfer Protocol. Ein gängiger Standard zur Synchronisation von Mobiltelefonen mit Windows-PCs, alternativ zur Nutzung des Mobiltelefons als klassischen „Wechseldatenträger"

MMS – Multimedia Messaging Service. Funktioniert auf Basis des ► GSM-Netzes. Für den Versand von Tondateien oder Fotos, die Sie mit dem Smartphone aufgenommen haben. Aber auch für Büroanwendungen wie E-Mails oder den kabellosen Datenabgleich mit dem PC

Netlock – ► SIM-Lock

NFC – Near Field Communication/Nahbereichskommunikation. Ein Standard zum drahtlosen Datenaustausch über kurze Distanzen. Ein (geplanter) Hauptanwendungsbereich ist das bargeldlose Bezahlen via Smartphone

NFC-Tags – ► auch NFC. Aufklebbare Etiketten, die sich über eine ► App programmieren lassen und beispielsweise vordefinierte Nutzerprofile auf dem Smartphone aktivieren. Klebt z.B. ein Tag auf dem Nachtkästchen, werden auf dem Gerät alle Signaltöne stummgeschaltet. Steigt man ins Auto, wird automatisch die Navigations-App aktiviert etc.

Phishing – eigentlich: Password Fishing. Der Versuch, mithilfe täuschend echt gestalteter E-Mails bzw. Internetseiten leichtgäubige Personen zur Bekanntgabe Ihrer Bank- oder Kreditkartendaten zu bewegen

PIN – Personal Identifcation Number. Persönliche, geheime Zahlenkombination, die Sie nach dem Neueinlegen einer SIM-Karte und – sofern Sie das Smartphone entsprechend programmiert haben – nach jedem Einschalten eingeben müssen

PoC – Push to talk over Cellular. Eine Technologie, die eine direkte Sprechverbindung zu einem oder mehreren Partnern ermöglicht und aus dem Mobiltelefon ein Walkie-Talkie macht. So wie dort kann jeweils nur eine Person sprechen, dies allerdings im gesamten Mobilnetz und relativ kostengünstig. Muss vom Provider unterstützt werden

Podcast Eine Mediendatei, die mittels ► RSS-Reader abonniert werden kann. Ein beliebtes Angebot sind z.B. Radiosendungen zum „Nachhören"

POP3/SMTP Post Office Protocol Version 3/Simple Mail Transfer Protocol. Gängige Standards zum Empfangen bzw. Senden von E-Mails

Pop-ups Browserfenster, die während des Surfens automatisch aufscheinen. Dienen zum Teil als Einstiegsfenster für die Anmeldung zum persönlichen Benutzerkonto, oft aber auch für Werbeeinblendungen

Port Ein „Tor" im Netzwerk, über das Programme mit dem Internet kommunizieren können

Provider Mobilfunkanbieter

PUK Personal Unblocking Key. Code zum Entsperren des Mobiltelefons, falls Sie dreimal hintereinander den ► PIN falsch eingegeben haben

Push-E-Mail Dienst zur unmittelbaren Zustellung von E-Mails auf das Mobiltelefon, ohne dass der Benutzer eine gesonderte Abfrage tätigen muss

Resistiver Touchscreen reagiert auf (Finger-)Druck

Rooten Das Freischalten von Zugriffsberechtigungen auf dem (Android-)Smartphone, die herstellerseitig nicht vorgesehen sind

RSS-Reader Really Simple Syndication. Mittels RSS-Reader kann man auf Websites, die diesen Service anbieten, sogenannte RSS-Feeds abonnieren. Das sind in bestimmten Abständen versandte Informationen oder Inhalte, wie z.B. Nachrichten oder ► Podcasts

Server-Park Rechenzentrum z.B. eines ► Cloud-Dienstes, wo die Daten der Nutzer zentral gespeichert werden

SIM Subscriber Identity Module. Vom Provider ausgegebene persönliche Zugangsberechtigung in Form der SIM-Karte, die ins Mobiltelefon eingelegt wird und auf deren Chip die Rufnummer und oft auch das elektronische Telefonbuch gespeichert sind

SIM-Lock Bezeichnet die Nutzungsbechränkung eines Mobiltelefons für das Netz eines bestimmten ► Providers. Nach Ablauf der vertraglich festgelegten Frist kann der SIM-Lock vom Anbieter kostenpflichtig entfernt werden

SMS Short Message Service. Möglichkeit zum Versand von Textnachrichten von Handy zu Handy oder vom PC zum Handy. Das Kürzel SMS ist auch das Synonym für die Textnachricht selbst

Softkeys Berührungssensitive Schaltflächen (als Ersatz für physische Bedienknöpfe), die plan in das Gerätegehäuse integriert sind

Sperrbildschirm Jener Zustand des Smartphone-Displays, welcher der Tastensperre eines herkömmlichen Handys entspricht. Auf dem Sperrbildschirm können diverse Meldungen (SMS, Anrufinfo etc.) aufscheinen, aber es ist ohne das bewusste Aufheben dieser Sperre keine Bedienung des Smartphones möglich

SSL Secure Socket Layer. Ein Verschlüsselungsprotokoll zur sicheren Datenübertragung im Internet. Mittlerweile meist vom Nachfolger TLS (Transport Layer Security) abgelöst

Tethered Jailbreak ► Jailbreak

Tethering Bezeichnet die Verbindung zwischen einem Computer und einem Smartphone (meist via USB-Kabel oder kabellos über Bluetooth), bei der das Smartphone als Internetmodem dient. Mittlerweile großteils von der ► Hotspot-Funktion abgelöst

TLS ► SSL

UMTS Universal Mobile Telecommunications System. Die dritte Mobilfunkgeneration (deshalb auch 3G genannt). Da ► GSM für die reine Sprachtelefonie ausreicht, wurde UMTS gezielt für den schnellen Datentransfer inklusive Videotelefonie entwickelt. Die aktuelle Nachfolgetechnologie von UMTS ist ► LTE

Unlock Das Entsperren eines Smartphones mit ► SIM-Lock

Untethered Jailbreak ► Jailbreak

USB-Debugging Debugging ist eine Einstellung am Android-Smartphone, die an sich für Entwickler gedacht ist, die aber z.B. vorübergehend nötig ist, um das Gerät mit dem Programm MyPhoneExplorer zu synchronisieren

VoIP Voice over IP. Internet-Telefonie, z.B. über Skype

WAP Wireless Application Protocol. Langsamer Internetzugang der ersten Generation über WAP-taugliche Mobiltelefone. Anders als bei einem vollwertigen integrierten Webbrowser sind via WAP nur speziell programmierte, auf die wesentlichen Informationen beschränkte Seiten aufrufbar

WB-AMR Wideband Adaptive Multirate. Verbesserte Version des Sprachübertragungsstandards AMR.

WiFi ► WLAN

WLAN Wireless Local Area Network bezeichnet ein lokales Funknetzwerk (Heimnetzwerk), in das verschiedene Geräte – vom PC bis zum Smartphone – eingebunden werden können. Auf elektronischen Geräten findet man auch oft die Bezeichnung WiFi. Dahinter steht ein gleichnamiger Verband, der mit seinen ca. 300 Mitgliedsunternehmen um verbindliche Standards im WLAN-Bereich bemüht ist. WLAN und WiFi werden oft synonym verwendet

Xenon-Blitz Xenon ist ein Gas, das in so genannten Gasentladungslampen zum Einsatz kommt. Verwendung finden diese u.a. in modernen Autoscheinwerfern, aber auch als Blitzlicht für Mobiltelefone. Ein Xenon-Blitz ist deutlich heller als andere Lösungen

XHTML Extensible Hypertext Markup Language. Eine Weiterentwicklung der Hypertext Markup Language (HTML), einer „Sprache" zur Beschreibung von Internetseiten. XHTML macht Websites möglich, die beinahe so aussehen und so funktionieren wie jene, die für Nutzung am Computer erstellt wurden

Internet sicher nutzen, 2. Auflage

Weniger erfahrene User lassen sich durch Berichte über Viren, Internet-Abzocke und Co. verunsichen. Dieses Buch bietet leicht verständliche Anleitungen für sichere Nutzung des Computers – von Virenschutz über Online-Shopping bis zum anonymen Surfen und Verwischen der eigenen Spuren im Browser.

ISBN 978-3-99013-012-4
128 Seiten, Flexcover, € 14,90

Mein neuer PC

Desktop, Nettop, Notebook, Netbook, All-in-One, Multitouch: Dieses Buch hilft bei der Auswahl und erklärt leicht verständlich die ersten Schritte – vom erstmaligen Hochfahren des Computers über das Einrichten der Internetverbindung bis hin zur Installation der wichtigsten kostenlosen Software.

ISBN 978-3-99013-003-2
160 Seiten, Flexcover, € 14,90

Das Beste aus dem Internet, 3. Auflage

Unser Bestseller: Über 12.000 verkaufte Exemplare! Das Internet als unendliche Informationsquelle: Preissuchmaschinen, Reiseangebote, Musikdownloads und soziale Netzwerke. Außerdem: Gratisprogramme für den Computer, viele wertvolle Tipps für Windows- und Mac-User und über 700 Links!

ISBN 978-3-902273-96-3
184 Seiten, Flexcover, € 14,90

Weitere KONSUMENT-Bücher
im Buchhandel oder im Online-Shop auf www.konsument.at